Johannes Öhquist

Finnland

AF716075

SEVERUS

Öhquist, Johannes: Finnland
Hamburg, SEVERUS Verlag 2014

ISBN: 978-3-86347-987-9
Druck: SEVERUS Verlag, Hamburg, 2014
Nachdruck der Originalausgabe von 1919

Der SEVERUS Verlag ist ein Imprint der Diplomica Verlag GmbH.

Bibliografische Information der Deutschen Nationalbibliothek:
Die Deutsche Nationalbibliothek verzeichnet diese Publikation in der Deutschen Nationalbibliografie; detaillierte bibliografische Daten sind im Internet über http://dnb.d-nb.de abrufbar.

© SEVERUS Verlag
http://www.severus-verlag.de, Hamburg 2014
Printed in Germany
Alle Rechte vorbehalten.

Der SEVERUS Verlag übernimmt keine juristische Verantwortung oder irgendeine Haftung für evtl. fehlerhafte Angaben und deren Folgen.

Aus Natur und Geisteswelt
Sammlung wissenschaftlich-gemeinverständlicher Darstellungen

700. Bändchen

Finnland

Von

Johannes Öhquist

SEVERUS

Inhaltsverzeichnis.

Vorwort.

In deutscher Sprache gab es bisher nur e[illegible]rk, das eine zu-[illegible]nmenfassende Darstellung des gesamten Kulturlebens Finnlands bot: das im Jahre 1899 in zweiter verbesserter Auflage erschienene große illustrierte Prachtwerk „Finnland im 19. Jahrhundert. In Wort und Bild dargestellt von finnländischen Schriftstellern und Künstlern" (Helsingfors, G. W. Edlunds Verlag). Aber dieses vorzügliche Werk ist, abgesehen von seinem unhandlichen Format, das seine Verwendung als Lese- und Nachschlagebuch erschwert, heute zum Teil veraltet und außerdem im Buchhandel nicht mehr erhältlich. So dürfte gerade in diesem Augenblick, wo Finnland mehr als je allgemeinem Interesse in Deutschland begegnet, eine Darstellung, die in möglichst gedrängter Form zugleich ein möglichst vollständiges Bild von Land und Volk, von der materiellen und der geistigen Kultur Finnlands zu bieten sucht, einem wirklichen Bedürfnis entgegenkommen.

Die größte Schwierigkeit bereitete hier weniger die Forderung der Vollständigkeit, als die der Kürze. Die Vollständigkeit ist ja unter allen Umständen nur ein relativer Begriff, und es wird immer mehr oder weniger dem subjektiven Belieben überlassen bleiben, im einzelnen Fall zu entscheiden, was unbedingt zur Vollständigkeit, d. h. zur Vermittlung einer in der Hauptsache richtigen Auffassung und Beurteilung des Gegenstandes, gehört und was hierfür entbehrlich ist. Das oben erwähnte große Werk konnte hierfür keinen Maßstab bieten, da es einerseits eine Vollständigkeit und Fülle anstrebt, die weit über den Rahmen dessen hinausgeht, was von Bedeutung für den Ausländer ist, anderseits aber wiederum vieles vermissen läßt, an das gerade der Ausländer mit besonders eindringlichem Interesse fragend herantritt. So galt es in mancher Beziehung ein tatsächlich neues Buch zu schreiben. Trotz alledem baut, wie hier ausdrücklich hervorgehoben werden soll, das vorliegende Buch in manchen Kapiteln sachlich wie auch formell auf das erwähnte grundlegende Werk. In noch größerem Umfange diente dem Verfasser als Quelle das von der Gesellschaft für die Geographie Finnlands in Helsingfors 1911 herausgegebene ausgezeichnete Werk „Atlas öfver Finnland 1910", dessen wissenschaftlich gründliche und zuverlässige Darstellung auch oft in der Form so vorbildlich ist, daß der Sache am besten gedient schien, wenn einzelne Stellen in wörtlicher Übersetzung herübergenommen wurden. Hier wie auch bei der erstgenannten Quelle erschien es mir mit Rücksicht auf das typographische Satzbild nicht angebracht, wörtlich übernommene einzelne Ausdrücke, Wendungen oder Sätze jedesmal ausdrücklich durch Anführungsstriche hervorzuheben. Der Hinweis hierauf im Vorwort mag in dieser Beziehung genügen. Für die Musik wurde noch ein Aufsatz von K. Flodin in der „Finnländischen Rundschau", für die Behandlung staatsrechtlicher Fragen das im Literaturverzeichnis angeführte Werk von R. Erich herangezogen; das Kapitel „Geschichte" endlich ist zum Teil eine gedrängte Zusammenfassung des Hauptinhalts meines bei S. Hirzel in Leipzig erschienenen Buches „Das politische Leben Finnlands". In dem Literaturverzeichnis sind die wichtigsten Werke angeführt, die im allgemeinen über Finnland orientieren. Ein bis zum Jahre 1911 reichendes ziemlich vollständiges Literaturverzeichnis enthält die Broschüre „Die finnländische Frage im Jahre 1911" (Duncker & Humblot, München) im Anhang.

Der Umstand, daß das Erscheinen dieses Büchleins in einen Zeitpunkt fällt, wo das ganze öffentliche Leben Finnlands sich in einem großen Umwandlungsprozeß befindet, hat zur Folge, daß manche noch im Fluß befindliche Erscheinungen teils nur unvollständig behandelt werden konnten, teils von der Behandlung ausgeschlossen werden mußten. Eine Vervollständigung bzw. Berichtigung in diesen Stücken muß einer späteren Auflage vorbehalten bleiben.

Berlin, im August 1918. **Johannes Öhquist.**

I. Land und Volk.

1. Das Land.

Lage und Grenzen. Finnland (finnisch: Suomi oder Suomenmaa) liegt ungefähr zwischen dem 60. und 70. nördlichen Breitengrade und zwischen dem 21. und 23. Längengrade östlich von Greenwich. Im Süden und Westen grenzt das Land an den Finnischen Meerbusen, die Ostsee und den Bottnischen Meerbusen und erreicht im Norden fast das nördliche Eismeer. Die Küstenlinie beträgt, wenn man allen ihren Krümmungen folgt, rund 4800 km. Die nördliche Grenze, die Finnland von Schweden und Norwegen trennt, verläuft längs den Flüssen Torneå, Muonio und Könkämä bis Koltapahta in der Nähe der norwegischen Fjordküste, biegt dann, einen nach Nordwesten erhobenen Finger bildend, nach Osten zurück und folgt darauf dem nordwärts gerichteten Lauf des Enare und des Tana. Aber auch hier, nur 12 km vom Varangerfjord entfernt, darf sie nicht das Meer berühren, sondern biegt scharf nach Süden ab, um in der Nähe des Paatsjoki mit der russischen Grenzlinie zusammenzustoßen. Von hier aus läuft sie dann in unregelmäßiger Nord-Süd und -Südost-Richtung bis zum Ladoga, den sie in der Mitte in Nordost-Südwest-Richtung durchschneidet, um quer über die Karelische Landzunge bei Systerbäck den Finnischen Meerbusen zu erreichen. Der Flächenraum des ganzen Landes beträgt nach den jüngsten Berechnungen (1901—1907) 377,426 qkm, davon 333,140 qkm (88,17%) Festland und 44,286 qkm (11,73%) Seen.

Bodengestaltung. Gebirge fehlen dem Lande, aber es ist auch, ausgenommen einige Teile des Küstenlandes am Bottnischen Meerbusen, kein Flachland. Vom Finnischen und vom Bottnischen Meerbusen hebt sich das Land allmählich und erreicht in einer Entfernung von 40 bis 70 km von der Küste eine Höhe von 100—150 m, die dann in den westlichen und südlichen Teilen des Landes vorherrscht; manche Gegenden liegen bis zu 250 m Höhe, einzelne Orte sogar bis zu 300 m, während der Pegel der großen Seen in 70—130 m Höhe liegt. Im nordöstlichen Finnland und im größten Teil von Lappland beträgt die Durchschnittshöhe 200—300 m, einzelne Höhen erheben sich bis zu 500—700 m. Eine Eigentümlichkeit weist die Bodengestaltung in der östlichen Landschaft Savolaks auf, das besonders reich an parallel verlaufenden, aus Moränenschutt bestehenden Hügelreihen ist, als wenn das Land von Riesenpflügen umgeackert worden wäre. Der berühmteste unter diesen Hügelrücken ist der Punkarharju in Kerimäki, der in einer Länge von 5 km gleich einer gewaltigen Brücke den See Puruvesi überquert. Im östlichen Karelen ist die Bodengestaltung mit parallel laufenden Hügelreihen so auffallend, daß die Redeweise „längs dem Lande" und „quer durchs Land fahren" dort gang und gäbe ist.

Ein ganz anderes Bild zeigt die Bodengestaltung an der Westküste. Nördlich von der alten Hauptstadt Åbo werden die Anhöhen immer geringer, bis die westliche Küstenlandschaft schließlich ein vollkommen ebenes Flachland darstellt, in dem besonders die Ebene von Storkyrö mit ihren gewaltigen Roggen- und Haferfeldern berühmt ist. Im Norden beginnt das Land aber wieder Anhöhen aufzuweisen, die in der Gegend des großen Uleå-Sees schon 300 m übersteigen und der weiter nordöstlich gelegenen Gegend von Kuusamo die schmeichelhafte Bezeichnung „Finnlands Schweiz" eingetragen haben. Die größten Höhen befinden sich in dem nordwestlichen Teil Finnlands, der sich zwischen schwedisches und norwegisches Gebiet hineinerstreckt. Schon in der Gegend von Kittilä erheben sich die imponierenden Gipfel des Pallastunturi (Taivaskero 820 m) und des Ounastunturi (Outtakka 762 m). In der nördlichsten Spitze von Enontekis an der norwegischen Grenze steigt der höchste Berg Finnlands, der Halditschokko, bis zu einer Höhe von 1353 m empor.

Geologisches. Seinem geologischen Bau nach unterscheidet sich Finnland recht bedeutend von den meisten übrigen Ländern Europas, wie den Hauptteilen von Rußland, Deutschland, England und Frankreich. In den letztgenannten Ländern sind Fossilien enthaltende sedimentäre Bergarten vorherrschend, wie Sandstein, Tonschiefer und ähnliche. Das Gebiet hingegen, das unter dem gemeinsamen Namen Fennoscandia zusammengefaßt wird und die skandinavische Halbinsel (mit Ausnahme von Schonen), Finnland und das russische Karelen nebst der Halbinsel Kola umfaßt, besteht wesentlich aus harten kristallinischen Bergarten, wie Granit, Gneis, Schiefer usw., die bis an die Erdoberfläche emporsteigen und überall deutlich erkennbar sind. Eine Eigentümlichkeit für Finnland bilden die sogenannten Rapakivibergarten und die Moränen.

Der besonders in der Gegend von Wiborg in großen Massen vorkommende Rapakivi ist ein rotbrauner, porphyrartiger, grobkörniger Granit, der seinen in der Geologie allgemein angenommenen finnischen Namen (Rapakivi = verwitterter Stein) davon erhalten hat, daß er unter der Einwirkung der Witterung leicht zerbröckelt. Die Moränen sind Schichten von Stein und Sand aus der Quartärzeit, die fast $^4/_5$ des Landes bedecken. Sie sind aus dem Schutt entstanden, den die Eismassen der Diluvialzeit aus den Bergen gebrochen und mit sich geschleppt haben. Kennzeichnend für die Moränen ist die Ungleichförmigkeit ihrer Bestandteile, die zwischen feinstem Sand und gewaltigen Blöcken wechseln. Mancherorts treten die Moränen in der Gestalt kürzerer (sogenannter Drumlins) oder langgestreckter Moränenhügelrücken auf. Geologischen Ursachen verdankt die Südküste Finnlands ihre eigenartige unter dem Namen „Schären" bekannte, landschaftlich reizvolle Bildung von Inseln, Klippen und Riffen, die vielfach in bis zu vier deutlich unterscheidbaren Reihen das Festland umsäumen. Die äußerste Reihe, „der Meeresgürtel", besteht aus kahlen, unbewohnten Klippen, um die das weite und tiefe Meer ewig brandet. Die zweite Reihe trägt die Benennung „äußere Schären". Die Inseln sind größer, tragen Baumwuchs und sind oft bewohnt. Die „inneren Schären" tragen nicht nur Sommervillen, sondern weisen auch größere Bauerngüter mit Äckern und Wiesen auf. Der „innerste Schärenhof" hat schließlich ausgeprägte Festlandnatur mit engen seichten Gewässern und stillen Buchten. Eine besondere Eigentümlichkeit der finnischen Küste ist eine langsame Hebung des Landes an der Ostsee. Nach angestellten Messungen ist sie am größten in der Gegend von Sundsvall an der schwedischen Küste, wo sie 1,25—1,51 m im Jahrhundert betrug. An der finnischen Küste bei Wasa hob sich das Land in einem Jahrhundert um 77,4 cm, bei Hangö um 50,6 cm, am mittleren Teil des Finnischen Meerbusens jedoch nur um 16 cm, bei Kronstadt und Reval sind schon keine Höhenveränderungen mehr zu beobachten. Mit eine Folge dieser seltsamen Landerhebung ist, daß die Küstenstädte mit der Zeit vom Meer getrennt werden und gezwungen sind, besondere Hafenstädte anzulegen, um die Verbindung mit dem Meer aufrecht zu erhalten.

Gewässer. Die Bezeichnung „das Land der tausend Seen" klingt wie eine poetische Übertreibung, ist aber nichts weniger als das. Will man die Seen Finnlands zahlenmäßig feststellen, so ist die Ziffer tausend viel zu niedrig. Die Generalkarte des finnischen Landvermessungsamts verzeichnet auf einem einzigen Gebiet, das den wasserreichsten Teil der innern Seenplatte darstellt, allein 9600 Seen. Für das ganze Land sind auf der genannten Karte 35500 Seen verzeichnet, eine Anzahl, die sich aber noch bedeutend erhöhen wird, sobald auch die Einzelkarten von Nordfinnland fertig geworden. Eine geographische Eigentümlichkeit Finnlands bildet die das Innere des Landes einnehmende große Seenplatte. Außer dieser größten Platte befindet sich noch im höchsten Norden eine andere, die ihre Gewässer nach dem Uleå-See und dem Weißen Meer entsendet. Auf diesen Seenplatten, aber auch außerhalb derselben, bilden die Seen ganze zusammenhängende Reihen von Wasserzügen (schwedisch Stråt), die eigentlich als einziger großer Strom zu betrachten sind, der nur infolge geringen Gefälles und der ungleichmäßigen Bodenbeschaffenheit immer wieder sich seenartig in unzähligen Buchten und Flächen (schwedisch Fjärd) ausbreitet, bis er endlich als Fluß weiterwandert. Die große finnische Seenplatte wird nach ihren Hauptseen und Hauptabflüssen in drei Hauptwasserzüge eingeteit: 1. Saima-Wuoksen, 2. Päijänne-Kymmene und 3. Pyhäjärvi-Kumo. Die ganze Seenplatte hat einen Umfang von 130,790 qkm. Man zählt 43 Seen, deren Flächenraum je 100 qkm, und 4 Seen, deren Flächenraum je 1000 qkm übersteigt; der Ladoga als der größte umfaßt 18000 qkm, wovon jedoch nur 8094 qkm innerhalb Finnlands Grenzen liegen. Die Tiefe der Seen ist im allgemeinen gering, nur selten erreicht sie 100 m und mehr. Eine außerordentliche Bedeutung besitzen die Seen in ihrer Eigenschaft als Vorratsbehälter für die Wassermassen, die in Gestalt von Stromschnellen die Triebkraft für die Industrie liefern und dank jener ständig gefüllten Becken eine nie versagende Kraftquelle bilden. Nach 5 Meeren entsenden die Seen und Ströme Finnlands ihre Gewässer: nach dem Eismeer, dem Weißen Meer, dem Bottnischen und Finnischen Meerbusen und dem Ladoga. Im höchsten Norden tragen der Grenzfluß Tana, der Ivalojoki und der Paatsjoki die Wasser der lappländischen Einöden ins Eismeer hinab, während sich die Abflüsse der seenreichen Gebiete im Nordosten ins Weiße Meer ergießen. Ins Bottnische Meer mündet der 481 km lange Grenzfluß Torne mit seinem Nebenfluß Muonio, nicht weit davon der Kemi mit seinem 300 km langen Nebenfluß Ounasjoki. Bei Uleåborg erreicht der 320 km lange Ule (Oulujoki) das Bottnische Meer. Die weite österbottnische Ebene durchfließen zahlreiche und bedeutende Ströme, unter ihnen als der größte, der

395 km lange Kumo. Im Süden sammelt der gewaltige Kymmene einen Teil der Gewässer der finnischen Seenplatte und trägt sie in 5 Mündungen in den Finnischen Meerbusen, während der östliche Teil desselben Seengebietes seine Wassermengen durch den Wuoksen in den Ladoga ergießt. Alle diese Ströme sind, wie überhaupt die Abflüsse der Finnischen Seen, außerordentlich reich an Stromschnellen. Die Fallhöhe der letzteren ist durchschnittlich nicht groß, gewöhnlich einige Meter, aber da sie oft dicht aufeinander folgen, entwickeln sie eine gewaltige Kraft. Die gewaltigste Stromschnelle, der Imatra, der sich in der Nähe des Ausflusses des Wuoksen aus dem Saima befindet, hat bei einer Länge von 1300 m eine Fallhöhe von 18 m, der mittlere, etwa 12 m hohe Teil ist 300 m lang und durchschneidet das Urgebirge in einer 25 m schmalen Rinne. Die ungeheuren Wassermassen (bis zu 800 cbm = Sek.) stürzen in Riesenwirbeln und -strudeln mit einer Schnelligkeit von 10—12 m in der Sekunde durch die Felsenschlucht und verursachen ein Getöse, das 6 km weit zu hören ist. Im ganzen zählt man im Lande 1442 Stromschnellen. Ihre Gesamtwasserkraft beträgt bei mittlerem Wasserstand rund 3 Millionen Pferdekräfte (bei Hochwasserstand 12 Millionen). Berechnet man die ganze Wasserkraft, die in Finnland tatsächlich für die Industrie nutzbar gemacht werden kann (die nördlichsten Ströme sind hierbei außer Betracht gelassen), so kann man ohne Übertreibung behaupten, daß bisher nicht einmal der fünfte Teil zu diesem Zwecke in Anspruch genommen ist. Die eigenartige Bodengestaltung Finnlands hat Hand in Hand mit dem Wasserreichtum des Landes die Entstehung zahlreicher Moore zur Folge gehabt, deren Bedeutung und Wert erst in jüngster Zeit erkannt worden ist und deshalb zu einer eingehenden Untersuchung und Berechnung künftiger Ausbeutungsmöglichkeiten geführt hat. Die Sümpfe und Moore bedecken etwa 30% des Gesamtflächenraumes Finnlands und kommen am zahlreichsten im Innern des Landes in der Landschaft Satakunta, in Österbotten und den östlichen Grenzgebieten vor, wogegen die von Granit und Moränenhügelketten durchzogene Seenplatte nur in geringem Grade der Versumpfung ausgesetzt ist. Die finnischen Moore unterscheiden sich wesentlich von denen Mitteleuropas; nur ausnahmsweise kommen Hochmoore vor, meist sind es Flach- und Niederungsmoore (finnisch: Aapasuot), deren wirtschaftliche Bedeutung schon daraus erhellt, daß sie ohne Schwierigkeiten in guttragenden Waldboden verwandelt werden können. Wie-

viele Millionen noch in den finnischen Mooren schlummern, läßt sich heute auch nicht annähernd angeben.

Klima. Die Sonnenstrahlung beträgt in Finnland unter Voraussetzung eines ununterbrochen unbewölkten Himmels durchschnittlich etwa 30—40% derjenigen am Äquator. Im Sommer ist sie, dank den langen Tagen, verhältnismäßig bedeutend, im Juni sogar etwas größer als am Äquator, während des Winterhalbjahrs beträgt sie jedoch nur etwa 5% der letzteren. Mehrere Umstände bilden jedoch ein wesentliches Gegengewicht gegen die ungünstige Einwirkung der nördlichen Lage Finnlands. Bedeutende Wärmemengen, die zuerst in südlichere Breitengrade eingestrahlt sind, werden nämlich von günstigen Meer- und Luftströmen nach Finnland getragen. Die Nähe der russisch-asiatischen Landmasse verleiht dem finnischen Klima zum Teil ein kontinentales Gepräge, doch überwiegt der maritime Einfluß des Ozeans im Westen. Der Atlantische Ozean und sein warmer Golfstrom unterhalten ein dauerndes Luftdruckminimum außerhalb der Küsten von Island und Norwegen, und die Folge hiervon sind die vorherrschenden Südwestwinde in Finnland. Diese wiederum tragen dem Lande Wärme und Feuchtigkeit zu, und die Feuchtigkeit ruft neben Niederschlägen noch einen weiteren Zuschuß von Wärme hervor, die sogenannte Kondensationswärme. Infolge der Nähe des Meeres und der Feuchtigkeit der Luft ist auch die Bewölkung, besonders im Winter, bedeutend, und dadurch entsteht wiederum eine schützende Decke gegen die sonst starke Ausstrahlung im Winter. Zu den maritimen Eigenschaften des finnischen Klimas tragen wesentlich auch die Ostsee nebst ihren Buchten und die unzähligen Seen des Landes, vor allem der Ladoga, bei.

Die Höhenunterschiede sind zu gering, um das Klima zu beeinflussen, doch ist eine Temperaturabnahme nach Osten deutlich bemerkbar. Im Vergleich zu der im allgemeinen zwischen dem 60. und 70. Parallelkreise herrschenden Durchschnittstemperatur ist die Temperatur Finnlands im Jahresdurchschnitt um 6° höher. Für die südliche Hälfte Finnlands beträgt die durchschnittliche Jahrestemperatur + 3°. Auf demselben Breitengrad ist Finnland nebst Norwegen das wärmste Land.

Während Finnland im allgemeinen von den meisten verheerenden Naturerscheinungen, wie Zyklonen, Wolkenbrüchen, Erdbeben und Ähnlichem verschont ist, hat es unter einem tückischen Feinde zu leiden, der das Land schon mehr als einmal fast bis an den Rand des wirtschaftlichen Unterganges gebracht hat, nämlich den Sommernachtfrösten, gegen die das Hauptgewerbe des Landes, die Landwirtschaft, einen ununterbrochenen hartnäckigen Kampf führt. Am gefährlichsten sind die Nachtfröste, wenn die Brotfrucht und die Kartoffel schon die erste Entwicklung überschritten, aber ihre volle Reife noch nicht erreicht haben, also im Juni und im August. Ausnahmsweise sind selbst im Hochsommer Fröste mit verheerenden Wirkungen aufgetreten, wie am 14. Juli 1893. Der letzte große Frost, der das ganze Land in Mitleidenschaft zog, trat 1867 ein und hatte eine furchtbare Hungersnot im Gefolge. Zum Vergleich seien hier für die Jahre 1886—1900 die monatlichen Durchschnittstemperaturen an zwei klimatisch wesentlich verschiedenen Orten angegeben: Kuopio im nördlichen Binnenlande und Helsingfors an der südlichen Meeresküste.

	Januar	Februar	März	April	Mai	Juni	Juli
Kuopio	— 9,6	— 10,3	— 6,5	1,3	8,3	13,9	16,7
Helsingfors	— 5,7	— 7,2	— 4,4	2,4	9,4	14,8	17,1

	August	Sept.	Okt.	Nov.	Dez.	Durchschnitt 1886—1900
Kupio	14,1	8,7	3,2	— 2,2	— 7,1	2,7
Helsingfors	15,5	10,6	5,5	1,0	— 3,1	4,7

Der Luftdruck wechselt im Jahresdurchschnitt zwischen 757 mm im nördlichen Enontekì und Utsjoki und 760 mm auf der karelischen Landzunge und am Ladoga. Er nimmt somit, wie im übrigen Europa, im allgemeinen von Nordwest nach Südost zu, nur daß die Isobaren in Finnland sich dank dem Einfluß des Bottnischen Meerbusens steiler nach dem Süden wenden. Die Niederschläge betrugen während der Jahre 1886—1900 durchschnittlich in Uleåborg (am nördlichen Bottnischen Meerbusen) 503,8 mm, in Kuopio 576,2 mm, in Sordavala (am Ladoga-See) 614,6 mm und in Helsingfors 653,9 mm. Der erste Schneefall tritt im allgemeinen Mitte Oktober ein, Mitte November liegt in der Regel das ganze Land in Schnee, der Mitte April zu schmelzen beginnt. Mitte Mai ist Süd- und Westfinnland schneefrei, der Norden und Osten erst bedeutend später. Die Schneedecke erreicht stellenweise im Norden eine Mächtigkeit von $1\frac{1}{2}$ m. Die Seen im südlichen und mittleren Finnland werfen ihre Eisdecke Anfang bis Mitte Mai ab, im Norden erst im Juni; etwas früher befreit sich die Meeresküste von ihrem Eismantel.

Die Pflanzenwelt. In seiner Lage am nördlichen Polarkreise, an der Grenze der kalten und gemäßigten Zone, hegt Finnland die Pflanzenwelt und das Tierleben beider Zonen.

Die Anzahl höherer Pflanzen (Gefäßpflanzen) wird auf 1222 Arten geschätzt, von denen etwa die Hälfte mehr oder weniger allgemein verbreitet ist, während nur wenige in solcher Fülle vertreten sind, daß sie den Hauptbestand der Pflanzendecke bilden. Ein wichtiger Teil derselben besteht aus Moosen und Flechten, von denen etwa 2000 Arten in Finnland bekannt sind. Die Wälder Finnlands bestehen überwiegend aus Kiefern, Fichten, Birken und teilweise Erlen. In pflanzengeographischer Beziehung lassen sich vier von Süden nach Norden aufeinanderfolgende Zonen unterscheiden. Ganz im Süden zieht sich von Nystad an der Westküste über den See Lojo nach Borgå an der Südküste der Eichengürtel, um weiter östlich nur noch hie und da an den Küstenstreifen aufzutauchen. Das Hauptgebiet ist der Archipelag von Åland. Auf die Eichenzone folgt die Südfinnische Zone, der Laubwald- oder Ahorngürtel, der sich bis zum 62.° erstreckt. Die nächstfolgende Zone, der Lindengürtel, füllt das mittlere Finnland bis zum 63½.° aus. Jenseits dieses Breitengrades liegt der nordfinnische Gürtel, in welchem der Nadelwald so gut wie Alleinherrscher ist. Die verbreitetsten Sträucher sind Wasserweiden und Wachholder. Der Haselstrauch gedeiht bis zum 61. Breitengrad. Heide- und Waldboden werden von Heidekraut bedeckt. Anstatt der Früchte des Südens hat dieser hohe Norden einen Reichtum an Beeren erhalten, unter welchen die Ackerbeere, die Schellbeere, die Himbeere, die Erdbeere, die Heidelbeere, die Preiselbeere, die Sumpfbeere am bekanntesten sind. Dem Gartenbau ist es geglückt, Äpfel, Pflaumen, Kirschen zu ziehen, sehr gut an der Südküste, eßbar noch am 62.°. Akklimatisiert kommen vor: Lärche, Weide, Holunder, Flieder, alle Arten von Küchengewächsen und Blumen. Flachs wird allgemein bis zum 64.°, hauptsächlich im mittleren Finnland gebaut, Hanf weniger allgemein bis zum 66.°. Von Nährpflanzen gedeiht der Roggen bis zum 64.°. Höher im Norden erfriert er sehr oft. Aber er reift in günstigen Sommern noch am 67.°, versuchsweise auch am 69.°. Die Gerste ist zu den ältesten Kulturpflanzen Finnlands zu rechnen und wird im Norden mehr als alle anderen Nährpflanzen gebaut; sie gedeiht bis über den 68.° hinaus. Während sie auf Åland 116 Tage zum Reifen braucht, zählt man unter den hohen Breitengraden mit ihren hellen Nächten nur 63 Tage zwischen Saat und

Ernte. Der Hafer ist allgemein bis zum 64.°, danach seltener. Weizen wird nur im südwestlichen Teil des Landes bis zum 62.° angebaut und kommt nur noch ausnahmsweise in Österbotten bis zum 64.° vor. Das wichtigste Nahrungsmittel neben dem Roggen sind die Kartoffeln, die seit Anfang des 19. Jahrhunderts im ganzen Lande allgemein verbreitet sind und die früher überall beliebten Rüben verdrängt haben. Jetzt wird vorzugsweise im ganzen Lande die Futterrübe (Turnips) gebaut. Die Kohlrübe (Brassica napus rapifera) kommt gleich der Mohrrübe (Daucus carota) meist in Gärten vor. Von den übrigen Nahrungsgewächsen werden nur Erbsen allgemein gepflanzt; der Reichtum an eßbaren Pilzen hat nur in den Städten Verwendung gefunden. Wicken (Vicia sativa) werden im großen Umfange in der heutigen Landwirtschaft als Grünfutter verwendet. Timotheegras (Phleum pratense) und Alopecurus spielen nicht nur als Heufutter, sondern auch für die Samenerzeugung eine große Rolle.

Das Tierleben. Die finnische Tierwelt steht der skandinavischen am nächsten. Hinzu kommen einige neue Arten, die vom Osten herübergezogen sind. Außer den gewöhnlichen Haustieren Nordeuropas, unter denen das seinem Äußeren nach unscheinbare, aber außerordentlich ausdauernde finnische Pferd sich verdiente Aufmerksamkeit zugezogen hat, zählt die Fauna des Landes 300 Arten Wirbeltiere. Jagd und Fischfang sind die ältesten Erwerbszweige des Landes gewesen, aber die Beute hat in demselben Maße abgenommen, wie der Anbau zugenommen hat. In den Jahren 1866 bis 1908 wurden vom finnischen Staat Prämien ausgezahlt für getötete 3264 Bären, 5486 Wölfe, 6514 Luchse und eine Unzahl Füchse, Vielfraße, Ottern, Marder, Hermeline und Raubvögel. Der Schaden, den diese Raubtiere verursachen, wird jährlich auf 300000 Mark geschätzt. Die Anzahl der Bären nimmt ab. Auf Åland sind sie ganz ausgerottet. Heute kommen sie nur noch im höchsten Norden und im östlichen Karelien vor. Von sieben Arten Robben jagt man im Frühjahr den braunen Seehund und die Ringrobbe. Von Wiederkäuern darf das früher zahlreiche, dann beinahe ausgerottete Elentier seit 1868 nicht geschossen werden und nimmt wieder zu an Zahl. Das Renntier, in Lappland allgemein, kommt an der Ostgrenze bis zum Ladoga vor. Von Walen findet man nur den Tummler als seltenen Gast an den Küsten Finnlands. Von 268 verzeichneten Vogelarten sind 221 im Lande einheimisch, von diesen überwintern 62, die übrigen ziehen im Herbst nach wärmeren Ländern.

Ferner zählt man 29 Arten Sumpfvögel, eine Art Kranich, 49 Arten Schwimmvögel, worunter der Schwan, die Gans, die Eidergans, 14 Arten Möven und zwei Arten Taucher. Reptilien gibt es wenig, nur 3 Schlangen-, 3 Eidechsen- und 3 Froscharten. An Fischen zählt man in dem wasserreichen Lande 110 Arten. Die allgemeinsten, am meisten geschätzten und am meisten gefangenen Fische sind: der Lachs, der Schnepelfisch (das Blaufelchen „sik") der Barsch, der Hecht, eine Art Weißfisch (schwedisch „mujka"), die verschiedenen Heringe, Strömlinge, Sprotten (schwedisch „hvassbuk"), die Karausche, der Aal, das Neunauge. Der Strömlingsfang betrug im Jahre 1908 14,57 Millionen kg (1913 : 12,98 Millionen kg) und der Sprottenfang 84000 kg (1913 nur 34,400 kg). Der wertvollste unter allen Fischen ist der Lachs. Die Ausbeute nimmt jährlich ab, ohne daß man der Ursache völlig auf den Grund gekommen ist. Im Jahre 1886 wurden im ganzen rund 600000 kg Lachs gefangen, im Jahre 1899 rund 500000 kg, im Jahre 1908 kaum 300000 kg, im Jahre 1913 etwas über 100000 kg. Finnlands Fauna zählt 280 Arten Weichtiere und 10000 Arten Insekten. Der Krebs ist häufig und der Fang lohnend bis zum 62.°. Im Jahre 1900 wurden 15,57 Millionen Stück ausgeführt, dann erreichte die verheerende Krebspest auch Finnland. Im Jahre 1909 betrug die Ausfuhr nur 2,90 Millionen Stück.

2. Das Volk.

Abstammung. Die Sprachwissenschaft lehrt, daß die finnischen Stämme die gegenwärtig Finnland bewohnen, um das Jahr 200 v. Chr. von der Wolga langsam sich nach den Ufern der Ostsee vorzuschieben begannen. Sie sind ein Teil der großen ugro-finnischen Völkerfamilie, die vor 4000 Jahren die osteuropäische Tiefebene bewohnte und von der noch heute zahlreiche Splitter im mittleren und östlichen Rußland verstreut sind. Die Mehrzahl hat in noch heute erkennbarem Grade ihre völkische Eigenart und vor allem ihre Sprache beibehalten, einige wenige sind sogar zu einer selbständigen Kultur und zu staatlichem Bewußtsein gelangt. Heute können wir noch fünfzehn finnisch-ugrische Völker unterscheiden, die, wie aus der weiter unten folgenden Tabelle ersichtlich, sich in fünf große Gruppen einteilen lassen. Am weitesten nach Westen vorgedrungen sind die Magyaren in Ungarn und Siebenbürgen, das zahlreichste und mächtigste der ugro-finnischen Völker, am weitesten im Osten geblieben sind die unbedeutenden Wogulen an den Abhängen des mittleren Ural und die Ostjaken in den sibirischen Wäldern am unteren Irtysch und mittleren Ob. Diese Völker bilden die ugrische Grüppe. Von der permischen Gruppe bewohnen die Syrjänen das nordöstliche Waldgebiet zwischen der Dwina und dem Ural, die Permier das rechte Uferland der oberen Kama und die Wotjaken südlich davon die Gegend um die mittlere Kama. Die dritte, aus den Tscheremissen und den Mordwinen bestehende Gruppe hat nach ihren Wohnsitzen um die mittlere Wolga ihren Namen „Wolgagruppe" erhalten. Zu der vierten, der Ostseegruppe gehören außer den geringfügigen Splittern der Wepsen, Ingrer und Woten in Ingermanland und am Onega und dem Rest von 2000 Liven auf dem äußersten Zipfel der Kurischen Halbinsel, die beiden größten auf zusammenhängendem Gebiet wohnenden Völker: die Esten in Nordlivland und Esthland und die Finnen, die ganz Finnland mit Ausnahme der Küstenländer und der Inselgruppe Åland bewohnen, aber auch über das jetzige politische Gebiet Finnlands hinaus nicht nur im nördlichen Norwegen und Schweden, sondern vor allem auch im nördlichen Rußland angetroffen werden. Die letzte Gruppe schließlich, die Lappen haben zwar eine ugro-finnische Sprache angenommen, sind aber dem Ursprunge nach kein ugro-finnisches, sondern ein mongolisches Volk, das den äußersten Norden Norwegens, Schwedens und Finnlands und die Halbinsel Kola bewohnt. Von diesen finnisch-ugrischen Stämmen sind die Magyaren vor allem slavischem und türkischem Einfluß zugänglich gewesen, während die nördlichen westfinnischen Stämme, und unter ihnen in erster Linie die Finnen, sich unter der Einwirkung baltischer und germanischer Völker allmählich aus einem Jagd und Fischfang treibenden Halbwandervolk zu einem seßhaften, ackerbautreibenden Volk und schließlich zu einer Kulturnation entwickelten. (Siehe umstehende Zusammenstellung.)

Charakter. Über die ältesten Schicksale des finnischen Volkes gibt uns keine schriftliche Urkunde Nachricht. Dagegen besitzen wir für die Beurteilung des Charakters und der Lebensweise dieses Volkes eine unschätzbare Quelle in den aus den letzten heidnischen Jahrhunderten stammenden Runengesängen, die in den ersten Jahrzehnten des 19. Jahrhunderts von Elias Lönnrot in Ostfinnland und Karelien nach alten Volkssängern aufgezeichnet und unter dem zusammenfassenden Titel „Kalevala" (S. 91 f.) herausgegeben wurden. Diese epischen Gesänge geben uns das Bild eines Volkes, das nicht nur in seiner

Übersicht der finnisch-ugrischen Völker.

Die ugrische Gruppe.			
Ostjaken		20000	
Wogulen		8000	
Magyaren		10000000	10028000
Die permische Gruppe.			
Syrjänen		200000	
Permier		100000	
Wotjaken		440000	740000
Die Wolgagruppe.			
Tscheremissen		370000	
Mordwinen		1250000	1620000
Die Ostseegruppe.			
Wepsen		20000	
Ingrer und Woten		15000	
Ostkarelier		250000	
Liven		2000	
Esthen		1200000	
Finnen, davon			
in Finnland	2900000		
in Rußland	150000		
in Schweden	25000		
in Norwegen	8000		
in Amerika	250000	3333000	4820000
Lappen			30000
Gesamtzahl der finnisch-ugrischen Völker			17238000

äußeren Lebensform bedeutend über die Einfachheit des Nomaden hinausgewachsen war, sondern auch in seinem Geistes- und Gefühlsleben eine Kultur bekundete, die hoch über der des Barbaren stand. Die Familie wurde heilig gehalten, ebenso das Weib als Hausfrau. Der Kriegsgefangene fand als Sklave eine milde Behandlung. Eine Königsgewalt gab es nicht für den freien Helden, ebensowenig einen persönlich individualisierten Gott; nur ein namenloses Wesen, „Der Alte“ (Ukko), beherrschte unsichtbar geheimnisvoll die Welt durch die Kraft des „Ursprungswortes“, des Ausflusses aller Weisheit. Nicht die Naturgegenstände als solche fanden Anbetung, sondern der ihnen innewohnende Geist (haltia). Alles und jedes hatte seinen „haltia“, der durch das Wort frei wurde im Menschen. Nur unter zähestem Widerstand gelang es dem Christentum, um die Mitte des 12. Jahrhunderts Eingang zu finden, aber als es endlich nach jahrhundertelangem Kampf Wurzel gefaßt, fand es in den Finnen die treuesten Verfechter des Wortes. Treue und Beharrlichkeit mit ihren Kehrseiten: Eigensinn und Trotz gehören zu den allgemeinen Charakterzügen; zu ihnen gesellen sich Ausdauer und die zähe Kraft der Geduld; der Finne ist langsam in der Bewegung wie im Denken, nicht leicht aus dem Gleichmut gebracht, aber im Jähzorn ohne Maß. Alle echt bäuerischen Eigenschaften finden sich besonders ausgeprägt: eine konservative Scheu vor dem Neuen und Unbekannten, unbedingte Achtung vor Gesetz und Ordnung, strengste Forderung von Ehrlichkeit; Freiheitsbedürfnis des bodenständigen Unabhängigen. Das Vorherrschen des einen oder andern Charakterzuges wechselt je nach der Landschaft. Der grobgebaute, ungelenke Tavastländer (finnisch: Hämäläinen), der das westliche Binnenland bewohnt, ist der beharrlichste und genügsamste, aber auch der langsamste und starrköpfigste unter den Finnen. Der bedeutend beweglichere, lebhaftere und schlankere Karelier (finnisch: karjalainen), der die ganze östliche Hälfte Finnlands und das nördliche Österbotten bewohnt, ist Eindrücken leichter zugänglich, dafür unbeständig; er ist begabt und gescheit und ebensosehr Geschäftsmann wie Dichter.

Seit siebenhundert Jahren, vielleicht aber auch bedeutend länger, (die wissenschaftliche Forschung ist darüber noch nicht schlüssig), lebt auch eine schwedische Bevölkerung in Finnland, die Åland, die westliche Hälfte der Südküste und das südliche Österbotten bewohnt. Der Typus ist ungemischt germanisch: blond, schlank, lebhaft, freimütig und von starkem Selbstgefühl erfüllt. Am auffallendsten treten diese Kennzeichen bei dem besonders hochgewachsenen Bewohner von Åland zutage, der sich vor der Berührung und Mischung mit der finnischen Bevölkerung zurückgehalten hat. Der schwedische Finnländer ist ausgesprochener Demokrat und freiheitsliebend. Im Volkslied ist nach Topelius beim Schweden die Musik die Hauptsache, der Text Nebensache, bei den finnischen Stämmen umgekehrt.

Sprache. Die finnische Sprache (finnisch: „suomi" oder „suomen kieli") gehört zu der großen finnisch-ugrischen Sprachenfamilie und zerfällt ihrerseits in eine Menge Mundarten, die in zwei Hauptgruppen, das Westfinnische und das Ostfinnische, zusammengefaßt werden. Die von Mikael Agricola um 1540 eingeführte Schriftsprache ist das Westfinnische, das jedoch mit der Zeit zahlreiche Bestandteile aus dem Ostfinnischen aufgenommen hat. Die Rechtschreibung ist streng phonetisch, indem jedem Laut immer nur ein und dasselbe Zeichen entspricht. Die Länge wird stets durch Verdoppelung bezeichnet. Das Lautsystem ist sehr reich an Vokalen (auch zahlreiche Diphthonge) und arm an Konsonanten: b, c, d, f, g, x, z kennt das Finnische nicht (ng und d nur im Inlaut). Ein Wort kann nur mit einem Konsonanten beginnen, im Auslaut steht meist ein Vokal. Die Hauptbetonung liegt stets auf der ersten Silbe. Beugungen und Ableitungen entstehen nur durch Endungen. Es gibt nur eine Deklination und eine Konjugation, doch entstehen eine Menge Beugungssysteme durch eine eigenartige Wirkung der Laute aufeinander. Ein grammatisches Geschlecht fehlt. Die Nominalbeugung hat 15 Kasus, durch welche die fehlenden Präpositionen ersetzt werden. Die Mehrzahl unterscheidet sich von der Einzahl (außer im Nominativ, dessen Endung t ist) nur durch Einschiebung eines i oder j. Die Verbalbeugung ist äußerst kompliziert und reich an Tempus- und Modusformen sowie Infinitiv- und Partizipialbildungen, so daß oft durch eine einzige Form dasselbe ausgedrückt werden kann, wofür andere Sprachen eines ganzen Satzes bedürfen. Die Ableitung ist äußerst fruchtbar und die Bildbarkeit der Sprache infolgedessen sehr groß. Ungewöhnlich reich ist das Finnische an onomatopoetischen Verben, dagegen fehlen zusammengesetzte Verben. Die Negation wird meist durch besondere Endungen ausgedrückt. Durch seine Vokalfülle ist das Finnische ungewöhnlich klangvoll und nimmt dank seinem ungeheuren Reichtum und seiner durchsichtigen, vielfach sehr ursprünglichen Form die erste Stelle unter den finnisch-ugrischen Sprachen ein.

Sprachenkampf. Siebenhundert Jahre gemeinsamer Schicksale banden die ungleichen Volksstämme mit den Ketten gemeinsamen Vaterlandsgefühls zusammen. Schweden hat dem finnischen Volk nicht nur den Katholizismus und die Reformation gebracht, es hat ihm nicht nur den Bau, die Prinzipien und den Geist seines festen und gesunden Staaswesens übermittelt und das Volk zu der demokratischen Denkweise und dem unerschütterlichen Rechtsbewußtsein erzogen, die ein Kennzeichen des skandinavischen Nordens sind; es hat auch sonst auf allen Gebieten des öffentlichen Lebens, sogar noch lange nach der Trennung Finnlands, diesem Lande als Vorbild gedient und tut es zum Teil noch heutigen Tags. Diesen weitgreifenden kulturellen Einfluß gewann Schweden, trotzdem es von jeher auf eine sprachenpolitische

Propaganda jenseits des Bottnischen Meerbusens vollständig verzichtete. Das Volk brauchte nicht Schwedisch zu lernen und tat es auch nicht. Anderseits verlangte aber die schwedische Regierung auch von ihren Beamten nicht die Kenntnis des Finnischen (die einzige Ausnahme bildeten die Pfarrer), wie sie überhaupt nicht darauf bedacht war, der finnisch sprechenden Bevölkerung eine Bildungsmöglichkeit in ihrer eigenen Sprache zu schaffen. Die Universität und der Schulunterricht waren ausschließlich schwedischsprachlich, soweit es die Hochschule betraf, sogar noch lange nach der Trennung Finnlands von Schweden. Alles was zur Bildung und in den Staatsdienst strebte, mußte sich folglich die Kenntnis des Schwedischen aneignen. So kam es, daß, abgesehen von der Bevölkerung in den Küstengebieten, die selber schwedischer Abstammung war, zu Beginn des 19. Jahrhunderts die gesamte gebildete Klasse Schwedisch, das Volk selbst aber Finnisch sprach. Diese Tatsache wurde damals kaum als Kluft empfunden. Die Schwedisch sprechende gebildete Klasse fühlte sich im autonomen Finnland nach 1809 durchaus als Finnländer, nicht als Schweden. Naturgemäß aber hatte die eben angedeutete kulturelle Entwicklung zur Folge, daß das Finnische im Vergleich zum Schwedischen im allgemeinen geistigen Leben des Volkes in Nachteil geriet. Es war für den Charakter des aufwachenden nationalen Bewußtseins kennzeichnend, daß diese Tatsache zuerst den Schwedisch sprechenden Gebildeten zum Bewußtsein kam. Deshalb gingen die ersten „fennomanen" Bestrebungen nicht in erster Linie darauf aus, das finnische Element kulturell zu heben, als vielmehr darauf, selber diesem Element näher zu kommen, mit seinen Sitten, seiner Sprache, seiner Dichtung vertraut zu werden. Erst nachdem auf diesem Wege die Brücke der bewußten Annäherung zwischen den beiden Volksstämmen geschlagen war und nachdem die Entdeckung der finnischen Volksdichtung die schlummernden Keime des nationalen Empfindens und Selbstbewußtseins geweckt hatte, begann aus den Reihen der Finnisch sprechenden Kreise, denen sich immer zahlreichere Anhänger aus den Schwedisch sprechenden Kreisen anschlossen, eine zielbewußte Arbeit für das finnische Volkstum und für die hintangesetzten Rechte der finnischen Sprache. Diese Propaganda nahm rasch an Umfang und Heftigkeit zu und drohte eine Zeitlang, besonders in den siebziger Jahren, zu einer unheilvollen gegenseitigen Verhetzung der beiden Volksstämme des Landes auszuarten. Dieser Sprachenkampf zwischen den „Fennomanen" und „Svekomanen" hat während der letzten fünfzig Jahre dem ganzen kulturellen und politischen Leben Finnlands sein Sondergepräge aufgedrückt und alle Fragen des öffentlichen Lebens durchsäuert. Man kann auch nicht sagen, daß er heute vollständig beigelegt wäre; aber nachdem das Finnische in jeder Beziehung, formell wie tatsächlich, die völlige Gleichberechtigung mit dem Schwedischen errungen, ist, besonders unter dem einigenden Einfluß der gemeinsam beiden Volksstämmen drohenden russischen Gefahr, eine Verständigung erzielt worden, die ein friedliches Zusammengehen der beiden Richtungen für die Zukunft zu gewährleisten scheint. Jedenfalls fühlen sich heute beide Volksstämme trotz des Sprachunterschiedes als ein Volk. Runeberg und Topelius, die nur Schwedisch schrieben, gelten auch heute noch in ganz Finnland nicht als schwedische, sondern als national-finnländische Dichter, und auf den genialen Alexis Kivi, der nur Finnisch schrieb, ist auch der nur Schwedisch sprechende Finnländer, soweit er ihn in Übersetzungen kennt, als auf einen Dichter seines Landes stolz. War bis vor wenigen Jahrzehnten das Finnische der offenbar benachteiligte Teil, so kann man heute eher fast das Gegenteil behaupten: nun befindet sich das Schwedische in der Defensive. Heute redet auch ein großer Teil der gebildeten Klasse Finnisch als Muttersprache, die finnischsprachliche Literatur hat die schwedischsprachliche Finnlands weit überflügelt, und es ist nicht unwahrscheinlich, daß in absehbarer Zeit das Finnische die Muttersprache auch des überwiegenden Teils der Gebildeten sein wird. Ganz läßt sich das Schwedische nicht verdrängen, selbst als offizielle Landessprache nicht, denn wenn auch von der Gesamtbevölkerung Finnlands nur $1/8$ Schwedisch zur Muttersprache hat, so sind dies doch mehr als 400000 Menschen, zum größten Teil bodenständige Bauern, die in ihrer nationalsprachlichen Eigenart auch fernerhin berücksichtigt werden müssen.

Sitten und Gebräuche wechseln im Einzelnen nach den Landschaften, sind aber in ihren Hauptzügen gleichartig, weil meist durch Klima und andere äußere Lebensverhältnisse bedingt. Das Wohnhaus war noch bis in die jüngste Zeit das uralte aus unbehauenen Kiefernstämmen erbaute „Pirtti“ mit einem aus Steinblöcken, später auch aus Ziegeln gemauerten Feuerherd, aus dem der Rauch den Raum bis Mannshöhe gleich einer dichten Nebelschicht erfüllte, bis er allmählich aus der in der Mitte der Decke angebrachten Öffnung entwich. Als Fenster dienten Öffnungen in der Wand, die durch Luken geschlossen wurden. Fensterscheiben kamen erst spät in Gebrauch. Diese sog. „Rauchpirtti" sind jetzt nur noch ausnahmsweise in den nördlichen Einöden anzutreffen. Das finnische Bauernhaus unterscheidet sich heute an Wohnlichkeit kaum von dem der westlichen Länder, außer in Einzelheiten der praktischen Anordnung und im Schmuck. Nur eine Besonderheit ist dem finnischen Bauernhof noch heute eigentümlich: die wegen der Feuergefahr meist abgelegene Badestube. Das Dampfbad ist eine uralte Sitte im finnischen Volk und die Badestube für den Reichen wie für den Armen ebenso unentbehrlich, wie die Wohnräume selbst. Die richtige typische „Sauna" (= Badehaus) mit ihren paradiesischen Badesitten ist aber nur noch auf dem Bauernlande anzutreffen. Hier steigt jeden Samstag Abend die ganze Familie nebst Gesinde, Männer und Frauen, in den heißen Qualm, um sich gegenseitig mit dampfenden Birkenreisern zu peitschen und zu frottieren. Die fehlende Brause nach der Glut im Baderaum ersetzt im Sommer der See, im Winter der Schnee, in dem die rotgesottenen Leiber gekühlt und gestählt werden.

Die Tatsache, daß der größte Teil Finnlands durch Hügelreihen, Moränenketten, Seen, Täler, Sümpfe und andere Unregelmäßigkeiten des Bodens in eine Unzahl von kleinen Gebieten zersplittert wurde, hat zur Folge gehabt, daß die Bevölkerung hier im allgemeinen nicht, wie es bei den Bewohnern von Ebenen der Fall ist, sich in großen Dörfern zusammengedrängt, sondern sich in weit zerstreuten Einzelgehöften oder Dorfgemeinschaften angesiedelt hat. Zusammengebaute Dörfer kennt Finnland eigentlich kaum; eine Ausnahme machen in dichtbevölkerten Gegenden Kirchdörfer und Marktflecken, sowie ein paar Reihendörfer in Ostfinnland, welch letztere aber von Russen angelegt sind und auch noch heute eine vorwiegend russische Bevölkerung haben. Die verstreute Bauweise und der Wasserreichtum des Landes haben zur Folge gehabt, daß man für die Kirchen mit Vorliebe solche Plätze wählte, wo sie am leichtesten von den verschiedensten Seiten zu Wasser zu erreichen sind. Ganze Dorfgemeinschaften tun sich dann zusammen und bauen sich ein gemeinsames Kirchboot, das von 20—25 Paar Rudern vorwärtsgetrieben wird und manchmal bis zu 100 Personen zu fassen imstande ist. Ein solches Boot ist Gegenstand des Stolzes und des Wetteifers der ganzen Dorfschaft, und die Kirchfahrten werden oft zu spannenden Wettruderfahrten, um deretwillen man Hunderte von Eiern opfert, mit deren Weiß man die Kehrseite des Bootes glatt streicht, um ihm eine möglichst große Geschwindigkeit zu verleihen. Die heidnische Sonnen- und Feueranbetung lebt noch in dem Johannisfeuer fort, das in der Nacht des 24. Juni auf allen Höhen Finnlands flammt, während Haus und Stuben im zarten Schmuck junger Birkenreiser prangen. Das größte Fest des Jahres ist jedoch Weihnachten, das mit Kirchgang und Tannenbaum, mit „Julklappar" und üppigem Weihnachtsschmaus begangen wird, bei dem der Stockfisch und der Reisbrei das übliche Festgericht bilden.

Soziale Verhältnisse. Skandinavischer Einfluß und eigene Anlage des Volkes haben bewirkt, daß die vorherrschende Auffassung und Gesinnung streng demokratisch ist. Wohl hatte sich die ständische Klasseneinteilung in Adel, Bürger, Geistliche und Bauern nebst ihren Standesprivilegien recht lange erhalten — die letzten adligen Vorrechte wurden 1864 und 1867 aufgehoben und eine volle Gewerbefreiheit führte erst das Gesetz von 1879 ein —, aber da große Vermögen eine seltene Ausnahme bilden und die Lebensverhältnisse sich durchschnittlich überhaupt in einem sehr bescheidenen Rahmen bewegen, sind Einfachheit der Sitten und keine scharfe gegenseitige Absperrung der einzelnen Volksklassen voneinander von jeher für das finnische Leben kennzeichnend gewesen.

Nach dem Hauptgewerbe des Familienhauptes verteilte sich die Bevölkerung um die Jahrhundertwende in folgender Weise:

	Personen	%
Landwirschaft oder ihre Nebengewerbe	1546778	71,2
Jagd und Fischfang	19333	0,9
Industrie	240291	11,1
Verkehrsanstalten	34331	1,6
Handel	25385	1,2
Öffentl. Ämter oder freie Berufe	34448	1,6
Pension, Altenteil oder Kapitale	43913	2,0
Sonstige Berufe	2432	0,1
Unbekannte oder unbestimmte Berufe	233611	10,3

Die letzte Gruppe, die Haushaltungen mit unbekanntem oder unbestimmbarem Gewerbe enthält, ist daher so groß, weil das Gewerbeleben auf dem flachen Lande in Finnland noch immer so unentwickelt ist, daß ein großer Teil der Bevölkerung sich keinem bestimmten Berufe gewidmet hat, und weil ein verhältnismäßig großer Teil der Bevölkerung ein wirkliches Proletarierleben führt und bald in dieser, bald in jener Weise sein Dasein fristet, je nachdem, was der Tag ihm zufällig darbietet. Übrigens kann mindestens ein Drittel dieser letzten Gruppe der ersten Gruppe zugezählt werden, da ein gut Teil der unbestimmbaren Gewerbe in der Regel in das landwirtschaftliche Gebiet fällt.

Zu welch einer Gefahr diese nur vom zufälligen Tagesverdienst lebende Bevölkerung unter Umständen heranwachsen kann, zeigten in erschreckend bedrohlicher Weise die jüngsten Ereignisse im finnischen Freiheitskriege.

Die Frauenfrage. Die ersten Zeichen eines aufwachenden Interesses für die Frauenbewegung sind die Schriften der schwedischen Schriftstellerin Fredrika Bremer, die in Finnland lebhaften Widerhall fanden. Als eine der ersten Fürsprecherinnen für die Rechte der Frau auf Bildung und Selbständigkeit trat in Finnland Fredrika Runeberg, die Gattin des großen Dichters, auf, die auch an den Arbeiten der seit 1847 bestehenden „Frauenvereine" tatkräftigen Anteil nahm. Eine nachhaltigere praktische Bedeutung erhielten jedoch die Bestrebungen für die rechtliche Emanzipation der Frau erst seit der politischen Wiedererweckung in den sechziger und siebziger Jahren des 19. Jahrhunderts. In diesen Jahrzehnten wurde die rechtliche Stellung der Frau durch eine Reihe wichtiger Gesetze wesentlich verbessert.

Zwei Fragen von entscheidender Bedeutung blieben aber noch lange ungelöst: die Vormundschaft des Mannes über die verheiratete Frau und das politische Wahlrecht der Frau. Diese beiden Fragen wurden zur Losung in der eigentlichen Frauenbewegung, die in den achtziger Jahren des 19. Jahrhunderts einsetzte. Die eine Frage, das politische Wahlrecht, fand eine radikale Lösung durch das neue Landtagsgesetz von 1906 (S. 49), das die Frauen in jeder Beziehung den Männern gleichstellt. Die Befürchtungen, die mancherseits hinsichtlich der politischen und sozialen Folgen dieser Maßregel gehegt wurden, haben sich als grundlos erwiesen. Freilich waren die hochgespannten Erwartungen, die man auf der entgegengesetzten Seite auf diese Reform gesetzt hatte, ebenso ungerechtfertigt. Sie hat praktisch weder im Guten noch im Bösen irgend welche nennenswerten Wirkungen ausgelöst. Ihre moralische Bedeutung ist deshalb natürlich nicht geringer.

Die zweite große Frauenfrage, die Befreiung der verheirateten Frau von der rechtlichen Vormundschaft des Ehemannes, harrt aber noch heute ihrer Lösung. Ebenso ermangelt die Frau auch noch in manchen anderen sehr wesentlichen Fragen der rechtlichen Gleichstellung mit dem männlichen Geschlecht. Besonders empfindlich macht sich dies auf dem Gebiet des Staatsdienstes bemerkbar, zu dem die Frau keinen Zutritt hat. Da das Leben aber stärker ist als der Buchstabe des Gesetzes, hat man in der Praxis einen Ausweg gefunden, der nicht ohne einen Beigeschmack von ironischem Humor ist. Wenn eine Frau sich um ein laut Gesetz nur Männern vorbehaltenes Amt bewerben will, muß sie zunächst ein Gesuch einreichen, dies tun zu dürfen, „ohne durch ihr Geschlecht verhindert zu werden", wie die offizielle Form lautet. Im allgemeinen Sprachgebrauch hat sich hierfür der Ausdruck „Dispens vom Geschlecht" eingebürgert.

Die Mäßigkeitsbewegung. Eine interessante Erscheinung auf dem sozialen Gebiet ist der in Finnland geführte Kampf gegen die alkoholischen Getränke. Dieser Kampf wird einerseits von einer Anzahl Mäßigkeitsvereine geführt, die durch Vorträge und andere aufklärende Tätigkeit wirken, anderseits von der Gesetzgebung und von den Gemeinden, die über den Verkauf dieser Getränke zu bestimmen haben. Die Tätigkeit der Mäßigkeitsvereine hat erfreuliche Folgen gehabt, indem immer größere Scharen der Bevölkerung sich jeden Genusses alkoholischer Getränke zu enthalten beginnen. Die Kenntnis von der Schädlichkeit dieser Getränke ist in den tieferen Schichten der Bevölkerung verbreitet worden, und den Anstrengungen der erwähnten Vereine hat man es auch zu verdanken, daß eine systematische Aufklärung in dieser Frage als Unterrichtsgegenstand in den Staatsschulen eingeführt worden ist. Da die Gesetzgebung den Gemeinden die Befugnis erteilt hat, den Verkauf und den Ausschank von Spirituosen zu gestatten oder zu verbieten, haben die ländlichen Gemeinden sich dieses Rechts bedient, um jeglichen Handel mit alkoholischen Getränken, auch den mit Bier, vollständig zu verbieten. Die eine oder die andere Stadt ist dem Beispiel gefolgt, aber in den meisten Städten ist gemäß dem sog. Göteborgschen System der Handel mit Branntwein und stärkeren Spirituosen in Gesellschaften monopolisiert, die das Geschäft nicht zu Gewinnzwecken betreiben. Die Aktienbesitzer erhalten 6% auf ihr Kapital, worauf der Gewinn teils an die Gemeinden, teils an den Staat verteilt wird. Die Gemeinden verwenden die Gelder zur Förderung von allgemein nützlichen Zwecken. Durch eine derartige Regelung des Spirituosenhandels und durch andere im Zusammenhang hiermit von der Gesetzgebung ergriffene einschränkende Maßnahmen ist es gelungen, den Alkoholverbrauch in Finnland wesentlich auf die Städte zu beschränken. Der auf den Kopf der Bevölkerung entfallende Durchschnittsverbrauch alkoholischer Getränke ist hier auch geringer als in irgendeinem anderen Lande. Doch sind die Trinksitten unter der vagabondierenden Arbeiterbevölkerung der Städte noch immer roh, und unter dem Einfluß des Rausches treten die schlimmsten Seiten des finnischen Volkscharakters, Rachsucht und Tücke, zu Tage. Der „Puukko“, das Dolchmesser, das der finnische Arbeiter stets bei sich trägt, ist dann rasch zur Hand und führt leicht zu blutigen, ja tödlichen Schlägereien. Manche Gemeinden haben infolgedessen das Tragen von Dolchmessern außerhalb der Arbeit streng verboten.

Die schlimmen Wirkungen des Rausches auf den finnischen Volkscharakter haben wohl am meisten mit dazu beigetragen, daß bei der überwiegenden Mehrzahl des Volkes sich die Anschauung herangebildet hat, daß die Trunksucht in wirksamer Weise nur dadurch bekämpft werden kann, daß die Gesetzgebung ein vollständiges Verbot gegen Bereitung und Verkauf alkoholischer Getränke erläßt. Der finnische Landtag hat auch einen in dieser Richtung gehenden Gesetzentwurf angenommen. Ob ein Verbot in dieser absoluten Form durchgeführt werden kann, steht noch im weiten Felde. Aber über die allgemeine Volksmeinung in diesem Punkt kann kein Zweifel obwalten.

Aufbau und Bewegung der Bevölkerung. Für frühere Jahrhunderte besitzt man nur ungefähre Berechnungen der Bevölkerung Finnlands. Im Jahre 1571 schätzte man sie auf 300000, für das Jahr 1650 werden 450000 und für das Jahr 1695 rund 500000 Bewohner angegeben. Während der darauf folgenden Zeit ging die Einwohnerzahl infolge von Hungersnot, Seuchen und Krieg bedeutend zurück. Aber um die Mitte des 18. Jahrhunderts hatte sie bereits die letztgenannte Zahl überschritten. Seit dieser Zeit, dem „großen Unfrieden“, beginnt nämlich ein neuer Zeitabschnitt in der Entwicklung Finnlands. Das Land blüht wirtschaftlich auf und die Bevölkerungszunahme wächst ganz erheblich. Freilich war die Einwohnerzahl noch recht bescheiden. Auf dem flachen Lande betrug sie etwas über eine halbe Million (95,2% der Gesamtbevölkerung); die 25 unbedeutenden Städte zählten im ganzen rund 25000 Einwohner (4,8%), unter ihnen die Hauptstadt Abo 5700 und Helsingfors 1500 Einwohner. Seit jener Zeit hat sich die Einwohnerzahl versechsfacht, und zwar ist die ländliche Bevölkerung gegenwärtig fünfmal und die städtische siebzehnmal zahlreicher als vor 150 Jahren. Den größten Bevölkerungszuwachs wiesen bis zum Jahre 1865 die am undichtesten bewohnten Gegenden auf, während die Bevölkerung in den alten Mittelpunkten der Ansiedlung sich am langsamsten vermehrte. Es geht hieraus hervor, daß der Ackerbau der Hauptträger der Bevölkerungszunahme war. Zu Ende des 19. Jahrhunderts zeigt die Bevölkerungszunahme dagegen ganz entgegengesetzte Richtungslinien: Die Einöde, die früher zur Bebauung lockte, hat ihre Anziehungskraft verloren, und die Städte und die mit Industrie und Handel gesättigten Gemeinden übernehmen nun die leitende Rolle in der Bevölkerungszunahme.. Die tatsächliche Bevölkerungszunahme betrug im Durchschnitt für das ganze Land im Prozentverhältnis zur Gesamtbevölkerung: 1870: 1,68; 1880: 1,38; 1890: 1,38; 1900: 1,09; 1910: 1,39. Der Geburtenüberschuß war nur ein wenig geringer: 1,36, steht also verhältnismäßig hoch und läßt auf ein gesundes und kräftiges Volkstum schließen. Die durchschnittliche Volksdichte wechselt stark in den verschiedenen Teilen des Landes. Im Norden gibt es 5 Kirchspiele, in denen durchschnittlich nicht mehr als 0,5 Einwohner auf 1 qm kommen. Die Dichte der westeuropäischen Länder erreicht keine einzige Gegend. Nur in 22 Kirchspielen übersteigt sie 30 Einwohner auf 1 qkm. Durchschnittlich kamen auf 1 qkm Einwohner:

Im Jahre 1750: 1,8.	Im Jahre 1870: 5,3.	Im Jahre 1900: 8,2.
„ „ 1800: 2,9.	„ „ 1880: 6,2.	„ „ 1910: 9,4.
„ „ 1850: 4,9.	„ „ 1890: 7,2.	„ „ 1913: 9,7.
„ „ 1860: 5,3.		

Die Verteilung der Bevölkerung auf Stadt und Land hat sich im Verlaufe der Zeit immer mehr zugunsten der Städte entwickelt. Das schnelle Wachstum der Städte fällt jedoch erst in das 19. Jahrhundert, ja eigentlich nur in die zweite Hälfte desselben; 1805 betrug die Stadtbevölkerung noch immer nur 4,9% und 1865 nicht mehr als 6,7% der Gesamtbevölkerung. 1890 war das Verhältnis zwischen Stadt- und Landbevölkerung: 9,89 und 90,11%; 1900: 12,52 und 87,48%; 1913: 15,41 und 84,59.

Von den Städten ist Helsingfors (seit dem 27. März 1812 Hauptstadt) am schnellsten gewachsen: 1800 hatte es 8593 Einwohner 1840: 16592; 1870: 28519; 1900: 93596; 1913: 167083 Einwohner. Darauf folgen Åbo (1913) mit rund 53000, Tammerfors mit rund 47000, Wiborg mit 29000, Wasa mit 24000, Uleåborg mit über 21000, Björneborg mit 17000, Kuopio mit 17000, Kotka mit 12000 und Tavastehus, Hangö, Borgå, Raumo, Lahti, Jakobstad mit je 5—6000 Einwohnern.

Die Verteilung der Gesamtbevölkerung im Jahre 1910 geht aus folgender Tabelle hervor:

	Männlich	Weiblich	Zusammen
Städte	210645	246228	456873
Land.	1336049	1322275	2658324
zusammen	1546694	1568503	3115197.

Für das ganze Land kommen heute auf 1000 Personen männlichen Geschlechts 1013 weiblichen Geschlechts.

Für die Beurteilung von weiteren Zukunftsmöglichkeiten der beiden Volksstämme des Landes ist eine Übersicht der Entwicklung der beiden Landessprachen von Interesse, die aus nachfolgender Tabelle ersichtlich ist. Es hatten als Muttersprache:

	1880 %	1890 %	1900 %	1910 %
Finnisch	58,30	64,14	69,78	72,49
Schwedisch	38,20	33,37	28,47	26,55

Dem Glaubensbekenntnis nach waren 1910: 98,15% Lutheraner, 1,67% griechisch-katholisch, 0,14% Baptisten, 0,02% Methodisten und 0,02% römisch-katholisch. Die griechisch-katholische Lehre, die seit alten Zeiten in den Landesteilen verbreitet war, die vor 1617 zu Rußland gehört hatten, kommt vor allem in der östlichen Provinz Wiborg und Kuopio vor. Die Verteilung nach Gewerben zeigt im Verlaufe des 19. Jahrhunderts eine Verschiebung vom Ackerbau nach der Industrie hin. Noch 1865 gehörten über 79% der Bevölkerung zum Ackerbau, während noch nicht volle 5% der Industrie dienten. Heute arbeiten 57,3% der Bevölkerung in der Landwirtschaft und 10,6% in der Industrie.

II. Geschichte.

Die schwedische Zeit. Während der 650 Jahre schwedischer Herrschaft in Finnland war das Land fast ununterbrochen der Schauplatz kriegerischer Kämpfe zwischen den beiden Mächten Schweden und Rußland, die im Westen und im Osten um die Vormacht über die Ostsee stritten. Nur selten und dann nur für wenige Jahrzehnte wurde der Kriegszustand durch eine Periode friedlicher Entwicklung unterbrochen, die aber so manches Mal durch Heimsuchungen andrer Art, wie Pest und Hungersnot, verdüstert ward. Nachdem Finnland im Jahre 1157 von dem schwedischen König Erik dem Heiligen in Besitz genommen und die heidnischen Finnen von Bischof Henrik von Upsala, einem geborenen Engländer, ohne viel Federlesens und allzu strenge Wahl der Mittel getauft worden waren, begannen die Kämpfe mit den östlichen Nachbarn, der Republik Nowgorod. Ihren ersten Abschluß fanden sie durch den Frieden zu Nöteborg, wo zum ersten Mal die politischen Grenzen zwischen Finnland-Schweden und Rußland festgesetzt wurden. Bald darauf erhielten die Finnländer das Recht, an der schwedischen Königswahl, wie an den Reichstagen teilzunehmen, und das Land wurde zu einem in Gesetzgebung und Steuerbewilligung mit dem übrigen Schweden vollkommen gleichberechtigten Reichsgebiet. Infolge seiner geographischen Lage und der ganz anderen Stammesart der Bewohner behielt es aber auch in der Folge doch eine gewisse Sonderstellung, die nicht nur in dem 1581 geschaffenen Titel eines „Großfürstentums" zum Ausdruck kam, sondern auch darin, daß in Finnland seit 1616 wiederholt finnische Landtage sich versammelten, um über eigene finnische Angelegenheiten zu beraten. Eine Zeit der Ordnung und des politischen Fortschrittes in demokratischer Richtung war die Regierung Karls XI., aber gerade in diese Zeit fällt die schwerste Heimsuchung des Landes durch Hungersnot und Pest, die im Verlauf von drei Jahren 1695–97 rund 100000 Menschen, d. h. ein Viertel der ganzen Bevölkerung dahinraffte. Während des nordischen Krieges und des sogenannten „großen Unfriedens" (1714 bis 1721) war das Land wehrlos den raubenden Kriegerhorden Peters des Großen ausgeliefert; kaum hatte es kurze zwei Jahrzehnte unter der einsichtigen Regierung des Finnländers Grafen Arvid Horn sich von den Verheerungen des Krieges zu erholen begonnen, als es schon 1742 wieder von russischen Truppen überschwemmt wurde. In diesem Jahr wurde russischerseits von der Kaiserin Elisabeth ein Versuch gemacht, durch Vorspiegelung einer staatlichen Selbständigkeit die Finnländer zum Abfall von Schweden zu bewegen. Trotz aller Leiden, die die Vereinigung mit Schweden für Finnland im Gefolge hatte, blieb das Land dem Mutterlande treu. Zum zweiten Male trat eine ähnliche Versuchung etwa ein halbes Jahrhundert später an die Finnländer heran, als Gustav III. 1788 einen im ganzen Land unpopulären Krieg gegen Rußland begann. Aber auch diesmal fand der Gedanke an einen Abfall von Schweden nur in einem kleinen Kreis von unzufriedenen Offizieren Anhänger, von denen die Hauptschuldigen teils ins Ausland flohen, teils ergriffen und als Landesverräter abgeurteilt wurden. Zwei Jahre nach Beendigung des Krieges, der diesmal ausnahmsweise das Gebiet Finnlands im fast unveränderten Bestande beließ, fiel Gustav III. als Opfer einer Verschwörung. Sein Sohn Gustav IV. Adolf war von einem religiösem Haß gegen Napoleon I. erfüllt, in dem er das biblische Ungeheuer erblickte, und weigerte sich, der von Napoleon verlangten europäischen Kontinentalsperre gegen England beizutreten. Im Tilsiter Frieden vom 7. Juli 1807 rächte sich Napolen an dem eigensinnigen Widersacher in Schweden, indem er Alexander I. zur Eroberung Finnlands ermunterte. Für Alexander eröffnete sich hiermit die Möglichkeit, die von Peter dem Großen vorgezeichneten Eroberungspläne ihrer endgültigen Verwirklichung entgegenzuführen, und als Gustav IV. Adolf Alexanders Mahnungen und Drohungen damit beantwortete, daß er am 8. Februar 1808 mit England ein förmliches Bündnis schloß, ließ Alexander ohne Kriegserklärung seine Truppen in Finnland einrücken.

Die Art und Weise, wie Schweden diesen Krieg führte, war nicht nur für Finnland vollkommen wertlos, sondern eher dazu angetan, das Unheil zu beschleunigen. Die Truppen, die zum größten Teil aus Finnen bestanden, schlugen sich tapfer und errangen, mancherorts durch erhebliche Bauernaufstände unterstützt, wo ihnen eine Gelegenheit dazu geboten ward, glänzende Siege. Aber die schwedische Führung unter dem unfähigen General Klingspor zwang das schlagbereite finnische Heer zum schmählichen Rückzug und gab das ganze Land dem Feinde preis. Der König selbst, der in seiner Kopflosigkeit den Bestand des ganzen Reiches in Gefahr brachte, wurde am 13. März 1809 gefangen genommen und zur Abdankung gezwungen. Am 17. September 1809 trat Schweden durch den Friedensvertrag zu Fredrikshamn ganz Finnland an Rußland ab.

Die Gründung des finnischen Staates durch Alexander I. Noch ehe dieser Frieden geschlossen wurde, waren jedoch in Finnland Ereignisse eingetreten, die dem Schicksal des Landes eine Richtung gaben, an der der Friedensvertrag nichts Wesentliches mehr zu ändern vermochte. Die Finnen hatten die Geschicke ihres Landes in ihre eigenen Hände genommen und durch ein friedliches Übereinkommen mit dem siegreichen Feinde dessen Zukunft in eine neue eigene Bahn gelenkt.

Durch ein Manifest vom 17. (5) Juni 1808 hatte Alexander I. selbst gelobt, „die alten Verfassungsurkunden und Privilegien" Finnlands aufrecht zu erhalten und demnächst eine Ständeversammlung einzuberufen. Dieses Versprechen löste er am 1. Februar (20. Januar) 1809 ein, indem er befahl, „gemäß den allgemeinen Gesetzen des Landes" am 22. (10.) März in der Stadt Borgå einen allgemeinen Landtag abzuhalten, zu dem die „Bevollmächtigten der Stände sich in der von der Reichstagsordnung vorgeschriebenen Weise einzufinden hätten". In feierlichster Form eröffnete Alexander I. in eigener Person den Landtag in der Domkirche zu Borgå und erließ am 27. (15.) März 1809 eine Versicherung an sämtliche Einwohner Finnlands, die folgenden Wortlaut hat:

„Wir Alexander I., von Gottes Gnaden Kaiser und Selbstherrscher aller Reußen usw. usw., Großfürst von Finnland usw. usw. tun kund: Nachdem Wir mit Willen der Vorsehung das Großfürstentum Finnland in Besitz genommen, haben Wir die Religion und die Grundgesetze des Landes samt den Rechten und Privilegien, welche ein jeder Stand im Großfürstentum für sich und alle Einwohner desselben überhaupt, Hoch wie Niedrig, bisher der Konstitution gemäß genossen, hiermit bestätigen und befestigen wollen, und geloben Wir alle diese Vorteile und Gesetze fest und unverrückt in ihrer vollen Kraft zu bewahren. Dieses nachdrücklich zu bekräftigen haben Wir diese Versicherungsurkunde mit Unserer eigenhändigen Unterschrift versehen. Gegeben zu Borgå den 15./27. März 1809". — Hiermit war der Grundstein zum finnischen Staatswesen gelegt. Der Ausgestaltung dieses neuen Staatswesens waren Alexanders nächste Regierungsmaßnahmen gewidmet. Unter der Benennung „Regierungskonseil", später „Kaiserlicher Senat für Finnland", wurde unter dem Vorsitz des General-Gouverneurs eine besondere Regierungsbehörde für das Land geschaffen und die Verwaltung und Rechtspflege in Übereinstimmung mit der Verfassung geordnet und ausgebaut. Der Teil Finnlands, der seit den Friedensschlüssen von 1721 und 1743 an Rußland abgetreten worden war, (d. h. die jetzige Provinz Wiborg) wurde am 1. Januar 1812 wieder mit dem Großfürstentum vereinigt.

Die Zeit des Stillstandes. Damit war aber auch Alexanders Interesse und Fürsorge für den neuen Staat im Wesentlichen erschöpft. Der Landtag wurde nicht weiter einberufen. Und während der späteren Regierungsjahre Alexanders und noch mehr unter seinem Nachfolger, dem autokratischen Selbstherrscher Nikolaus I., führte eine strenge Bevormundung des Volkes und straffe Zensur der öffentlichen Meinung auch in Finnland wie anderswo in Europa das Szepter. Aber im

Volke selbst begannen sich Kräfte zu regen, die im erwachenden Nationalbewußtsein wurzelten und unaufhaltsam nach Betätigung drängten. Die Entdeckung und Veröffentlichung des Volksepos Kalevala durch Elias Lönnrot im Jahre 1835 wirkte wie eine Offenbarung und Erweckung zugleich. Das Volk sah sich plötzlich im Besitz ehrwürdiger Vorfahren und einer sagenhaft heroischen Geschichte; unwillkürlich wandten sich seine Wünsche und Hoffnungen in die Zukunft. Diesen dunklen Empfindungen verlieh der nachherige Staatsmann und langjährige Lenker der finnischen Politik J. W. Snellmann als politischer Schriftsteller einen zielbewußten Ausdruck. Das Wort „Landtag" wurde zum Banner, um das sich die Wünsche und die Sehnsucht aller vaterländisch gesinnten Kreise scharten.

Politische Wiedergeburt und Blüte. Die Thronbesteigung Alexanders II. 1855 gab diesen liberalen Strömungen neue Nahrung. Acht Jahre später ward tatsächlich der Traum des finnischen Volkes verwirklicht: am 18. September 1863 wurde der Landtag wieder zum ersten Mal eröffnet, und damit begann für das Land eine mehr als dreißigjährige Periode friedlichen, unablässigen Blühens. Auf politischem Gebiet war die wichtigste Reform die Landtagsordnung vom 15. April 1869, die u. a. die Periodizität der Volksvertretung festsetzte. Da sie 1906 durch eine neue Landtagsordnung ersetzt wurde, gehen wir hier nicht weiter auf ihren Inhalt ein. Eine andere für das Volksleben außerordentlich bedeutungsvolle Maßregel war die Einführung der allgemeinen Wehrpflicht durch das Gesetz vom 27. Dezember 1878. Nach diesem Gesetz bestand das finnische Heer aus den aktiven Truppen, der Reserve und der Landwehr. Der Friedensbestand der ersteren durfte 5000 (seit 1889: 5600) Mann nicht übersteigen. In die aktiven Truppen wurden die Wehrpflichtigen durch das Los ausgehoben und dienten je nach dem Bildungsgrad 1 bis 3 Jahre. Diejenigen Wehrpflichtigen, die nicht in die aktiven Truppen gelangten, mußten sich während der ersten drei Jahre insgesamt 90 Tage zu militärischen Übungen einfinden. Gemeine wie Offiziere mußten finnische Staatsbürger sein, mit Ausnahme des Generalgouverneurs als Oberbefehlshaber und des russischen Kriegsministers als Kriegsminister auch dieser Truppen. Die Kommandosprache war russisch. Die Heeresverwaltung lag in den Händen der Militärexpedition des finnischen Senates, und die Kosten wurden ausschließlich aus finnischen Staatsmitteln bestritten. Um über die dem finnischen Heer zugewiesene

Aufgabe keinen Zweifel zu lassen, wurde diese durch folgende ausdrückliche Bestimmung genau umgrenzt: „Die Kriegsmacht Finnlands hat den Zweck, den Thron und das Vaterland zu schützen und dadurch auch zur Verteidigung des Kaiserreiches beizutragen.“ Auf dem Gebiet des Staatshaushaltes wurden vor allem wichtige Reformen des Münzwesens durchgeführt, über die im Abschnitt „Geldwesen“ (S. 72 f.) näher berichtet wird. Neben diesen als Eck- und Grundpfleiler des Staatslebens erscheinenden Hauptreformen trug eine schwer übersehbare Menge von anderen Gesetzen und Verordnungen dazu bei, den wirtschaftlichen und kulturellen Bau im einzelnen weiter zu entwickeln und zu vervollkommnen. Das Endergebnis der ungeheuer mannigfaltigen und reichen Entwicklung während dieser Jahrzehnte der großen Reformen war eine kulturelle Blüte, die an Umfang und Wesenheit des Errungenen wie an Schnelligkeit des Wachstums gleich staunenswert ist. Vielleicht nirgend anderswo in der Geschichte findet sich ein so augenfälliges Beispiel dafür, wie die schöpferischen Kräfte eines Volkes, sobald ihm die Tore zum selbständigen Wirken geöffnet worden, sich in überraschender Weise entfalten und Werke des Friedens und der Wohlfahrt in ungeahnter Fülle zeitigen.

Der Verfassungskampf. Die bevorzugte Stellung Finnlands innerhalb des russischen Reiches war den russischen reaktionären Kreisen stets ein Dorn im Auge gewesen. In den achtziger Jahren begann in der russischen Presse ein zielbewußter Kampf gegen die Autonomie Finnlands. Man behauptete, die Versicherung Alexanders I. sei gefälscht oder, wenn echt, bedeutungslos und jedenfalls nicht in dem ihm von den Finnländern beigelegten Sinne zu deuten, da sie offenkundig den Interessen des russischen Reiches widerspräche. Der erste Beweis, daß diese Angriffe nicht ohne Erfolg blieben, war das Manifest vom 12. Juni 1890, das die oberste Leitung des finnischen Postwesens in die Hände russischer Behörden legte. Ganz offen trat jedoch die russische Regierung mit ihren Russifizierungsabsichten erst einige Jahre nach der Thronbesteigung Nikolaus' II. auf.

Im Sommer 1898 wurde die finnische Öffentlichkeit durch die Nachricht überrascht, daß der Landtag zu einer außerordentlichen Tagung für den Januar 1899 berufen worden, eigens um die Frage über die Verschmelzung des finnischen Heerwesens mit dem russischen zu beraten. Die Unruhe, die diese überraschende Landtagsberufung in Finnland hervorrief, ward einige Wochen später durch die Nachricht verstärkt, daß General Nikolai Iwanowitsch Bobrikow zum finnischen Generalgouverneur ernannt worden war, ein Mann, dem der Ruf harter Rücksichtslosigkeit voranging. Eine noch größere Bestürzung riefen zwei andere Urkunden hervor, die ohne Kenntnis der zuständigen finnischen Behörden in Petersburg ausgearbeitet worden waren und bald nach Eröffnung des Landtages mit dem Befehl der Veröffentlichung dem finnischen Senat übergeben wurden. Das eine Schriftstück war ein Manifest vom 15. (3.) Februar 1899 (das Februarmanifest), das zweite führte die Überschrift: „Grundbestimmungen über die Formulierung, Prüfung und Promulgation von Gesetzen, die für das Kaiserreich, einschließlich des Großfürstentums Finnland, erlassen werden.“ Der Zweck der beiden Urkunden lag offen zu Tage. Sie schufen eigens zur Verwirklichung der politischen Absichen der russischen Regierung einen neuen Begriff, den des „Reichsinteresses“, dem sie eine besondere Bedeutung verliehen. Jede Frage, hieß es, die ein allgemeines Reichsinteresse berühre, solle von finnischen Behörden nur begutachtet, dagegen von russischen entschieden werden. Ob und wann ein Reichsinteresse vorlag, das zu bestimmen, behielt sich der Kaiser persönlich vor. Die Heeresfrage, der der Charakter eines allgemeinen Reichsinteresses nicht abgesprochen werden konnte, wurde nun mit Hilfe des Februarmanifestes der Beschlußfassung des finnischen Landtages entzogen; nur ein Gutachten sollte er über die in russischen Kanzleien ausgearbeiteten Wehrpflichtsvorlagen abgeben, die die bisherige nationalfinnische Heeresorganisation aufzuheben bestimmt waren. Das Volk begriff sofort die Tragweite dieses Verfassungsbruches und wandte sich mit einer in kürzester Zeit zusammengebrachten Adresse, die über eine halbe Million Unterschriften trug, an den Kaiser mit der Bitte, die verfassungswidrige Maßregel rückgängig zu machen. Der Kaiser empfing nicht einmal die Riesendeputation von 500 Mann, die zu diesem Zweck nach Petersburg gekommen war. Ebensowenig Erfolg hatten die Deputationen des Senats und des Landtages, die in ausführlichen Denkschriften vergebens den Kaiser davon zu überzeugen suchten, daß den Interessen beider Länder nur gedient wäre, wenn in dieser wie in jeder anderen Frage der Gesetzgebung der verfassungsmäßige Weg beschritten würde. Die russische Regierung bestritt in ihren Vorlagen rundweg das Vorhandensein einer finnischen Verfassung. Trotz alledem erklärte sich der Landtag bereit, der Forderung erhöhter militärischer Lasten entgegenzukommen und bewilligte unter anderem eine Verdoppelung der Friedensstärke des finnischen Heeres. Zugleich aber beleuchtete er in einem weitläufigen Antwortschreiben (deutsche Ausgabe von Fritz Arnheim bei Duncker und Humblot, München) die ganze Wehrpflichtfrage vom rechtlichen, national-kulturellen und militärischen Standpunkt und wies in überzeugender Weise nach, daß die russische Vorlage nicht nur einen Verfassungsbruch bedeutete, sondern auch auf Denationalisierung des finnischen Volkes gerichtet war. Infolgedessen, erklärte er, könne das Manifest wie auch die „Grundbestimmungen" in Finnland nicht die Kraft eines Gesetzes erhalten, wie auch das bestehende Wehrpflichtgesetz von 1878 nicht anders aufgehoben werden könne, als durch übereinstimmenden Beschluß von Monarch und Landtag.

Um diesen geharnischten Protest kümmerte sich die russische Regierung ebensowenig, wie um die Kundgebungen, die von Seiten Westeuropas in Gestalt von feierlichen Adressen oder polemischen und wissenschaftlichen Veröffentlichungen zu Tage traten. Sie zeigte im Gegenteil durch ihr weiteres Vorgehen, daß das Februarmanifest von 1899 tatsächlich nur die Einleitung eines wohldurchdachten und langer Hand vorbereiteten Werkes war, das auf die vollständige Russifizierung Finnlands zielte. Um die Vorschriften der finnischen Verfassung kümmerte sie sich von nun an nur insofern, als diese ihr geeignet scheinen konnten, ihrem eigenen Vorgehen einen formellen Schein von Rechtmäßigkeit zu verleihen. Den 20. Juni 1900 erschien ein Manifest über die Einführung der russischen Sprache in gewissen Verwaltungsbehörden Finnlands, nach welchem innerhalb einer gewissen Frist in sämtlichen höheren Regierungsbehörden Finnlands Russisch die einzige amtliche Verkehrssprache sein sollte. Da es den Urhebern des Manifestes klar sein mußte, daß die finnischen Beamten sich nicht nur prinzipiell aus konstitutionellen Gründen der zwangsweisen Einführung des Russischen widersetzen, sondern auch in der Praxis einfach nicht imstande sein würden, binnen der kurz bemessenen Frist sich die Kenntnis der fremden Sprache anzueignen, so lag es offen zu Tage, daß sich das Manifest unmittelbar gegen eines der wichtigsten Bollwerke der Autonomie, die verfassungstreue Beamtenorganisation richtete. Die Folge war, daß nun auch die letzten konstitutionell gesinnten Mitglieder der finnischen Regierung ihren Abschied einreichten. Die Widerstandskraft des Senates war damit gebrochen. Er wurde zu einem gefügigen Werkzeug in der Hand des Generalgouverneurs. Inzwischen schritt die russische Regierung in der Wehrpflichtfrage ruhig ihren Weg weiter. Als gäbe es überhaupt keine finnische Volksvertretung, ließ sie im Februar 1901 ihre Wehrpflichtvorlage im russischen Reichsrat behandeln und am 12. Juni vom Kaiser sanktionieren. Die national-finnische Heeresorganisation wurde kurzer Hand aufgelöst, ihre Kasernen und sonstiges Eigentum von der russischen Militärverwaltung in Besitz genommen. Alles das war mit Gewalt durchführbar. Anders verhielt es sich jedoch mit den Gestellungen selbst. Trotz aller Drohungen und Zwangsmaßregeln erschienen nur rund 10000 von 25000 Aufgebotenen zu den Gestellungen. Die russischen Machthaber mußten sich ihre Ohnmacht eingestehen, auf diesem Wege den Widerstand gegen die Wehrpflicht zu brechen. Diesem Zweck sollten nun fünf neue Verordnungen dienen, die am 20. September 1902 in der Gesetzsammlung Finnlands veröffentlicht wurden. Sie erteilten dem Generalgouverneur die Befugnis, nicht nur jeden finnischen Beamten nach Gutdünken abzusetzen, sondern auch nach eigenem Belieben und ohne Rücksicht auf gesetzliche Kompetenzbedingungen neue Beamte zu ernennen. Eine der Verordnungen verbot, Beamte wegen Amtsvergehens anzuklagen, ehe nicht die Genehmigung des zuständigen Chefs dazu eingeholt worden. Die unmittelbare Folge dieser Verordnungen war, daß sämtliche Beamte der drei Hofgerichte zu Åbo, Wasa und Wiborg, die sich ihnen nicht unterwerfen wollten, gleichwie die Bürgermeister in sämtlichen Städten der Provinzen Nyland und Wiborg durch Machtspruch ihrer Ämter beraubt wurden.

Da aber der Widerstand auch durch diese drakonischen Maßregeln sich nicht einschüchtern ließ, gingen die russischen Machthaber schließlich zur Anwendung der offenen Gewalt über. Am 15. April 1903 veröffentlichte die offizielle Zeitung Finnlands ein vom 9. April (27. März) datiertes kaiserliches Reskript an den Generalgouverneur und eine „Verordnung betreffend Maßregeln zur Aufrechterhaltung der staatlichen Ordnung und der öffentlichen Ruhe in Finnland", die dem Generalgouverneur außerordentliche Befugnisse erteilte. Dieser erhielt das Recht, Hotels, Buchhandlungen und sonstige Geschäfte und industrielle Unternehmungen schließen zu lassen, öffentliche und private Versammlungen jeglicher Art zu verbieten, Privatvereine aufzulösen und Personen, die ihm für die öffentliche Ruhe schädlich erschienen, des Landes zu verweisen oder nach Rußland deportieren zu lassen. Gleichzeitig erschienen neue Instruktionen für die Gouverneure und den Generalgouverneur. Die letztere enthielt u. a. eine Bestimmung, die ohne weiteres dahin gedeutet werden konnte, daß der Generalgouverneur, ohne Rücksicht auf irgendwelche geltenden Gesetze, sich überhaupt alles erlauben durfte. Es war die durch unbegrenzte Machtbefugnisse gepanzerte Willkür, die hiermit dem Generalgouverneur in die Hand gegeben ward.

In diesem rechtlosen Chaos, in dem das Land rettungslos dem Untergang verfallen schien, entstand in einem jungen Schwärmer der Gedanke, als Rächer seines geknechteten Volkes aufzutreten. Am 16. Juni 1904 streckte der neunundzwanzigjährige ehemalige Senatsbeamte Eugen Schaumann den General Bobrikow durch drei Pistolenschüsse nieder und jagte sich dann zwei Kugeln in sein eigenes Herz. In seiner Tasche fand man einen an den Kaiser gerichteten Brief, in dem er erklärte, daß er überzeugt sei, daß der Kaiser nichts von den Schandtaten wisse; daß er aus Notwehr handle, weil er dies für die einzige Möglichkeit halte, die Aufmerksamkeit des Kaisers auf jene Schandtaten zu lenken. Er schwor angesichts des Todes, daß keine Verschwörung vorliege, sondern er ganz allein auf eigene Verantwortung handle, und unterschrieb sich „in tiefster untertänigster Ehrfurcht" als Seiner Majestät „alleruntertänigster und treupflichtigster Untertan". Die Wirkung dieses, wie anderer ungefähr gleichzeitig in Rußland erfolgender Attentate war, daß man in Petersburg nachgiebiger wurde und sogar den deportierten und ausgewiesenen Finnländern, sofern sie Landtagsabgeordnete waren, gestattete, nach Finnland zurückzukehren. Aber die drei wichtigsten verfassungswidrigen Urkunden, das Februarmanifest von 1899, das Sprachenmanifest von 1900 und das Wehrpflichtgesetz von 1901, blieben in unveränderter Kraft bestehen. Der im Dezember 1904 zusammengetretene Landtag richtete deshalb seine Hauptarbeit darauf, in einer „Großen Petition" die verworrenen Zustände im Rechts- und Staatsleben aufzudecken und auf ihre Abstellung zu dringen. Auch die Antwort auf diese Petition war nur eine halbe Maßregel. Am 29. März 1905 verordnete der Kaiser, daß das Wehrpflichtgesetz von 1901 „vorläufig" nicht zur Anwendung kommen, statt der persönlichen Wehrpflicht dagegen für die Jahre 1905 bis 1907 eine Wehrabgabe von je 10 Millionen Mark aus finnischen Staatsgeldern in die russische Reichsschatzkammer abgeführt werden sollte.

Der Nationalstreik und das Novembermanifest. Es war nur zu natürlich, daß bei dieser Haltung der russischen Regierung im finnischen

Volk die Erwartung, auf dem Wege friedlicher Verständigung zu verfassungsmäßigen Zuständen zu gelangen, immer mehr schwand und es seine ganze Hoffnung auf einen gewaltsamen Umsturz in Rußland setzte, der infolge des unglücklichen japanischen Krieges in immer drohendere Nähe rückte. Als dann im Oktober 1905 die russischen Eisenbahner den allgemeinen Ausstand in Rußland erklärten und die Wogen der Revolution unaufhaltsam auch Finnland mit in ihre Wirbel rissen, da stand das finnische Volk in voller Bereitschaft da und griff mit rascher Entschlossenheit zu, um auch für sich die Freiheit zu sichern. In einem achttägigen Generalstreik erzwang es vom Kaiser-Großfürsten das Manifest vom 4. November (22. Oktober) 1905, durch welches nicht nur sämtliche verfassungswidrigen Verordnungen der vergangenen sieben Jahre aufgehoben, sondern auch noch eine Erweiterung der verfassungsmäßigen Rechte durchgesetzt und die Aussicht auf eine Weitergestaltung der konstitutionellen Staatsordnung in demokratischer Richtung eröffnet ward. Das Hauptverdienst, den Generalstreik trotz aller Fährnisse, die sowohl von seiten der russischen Militärleitung, wie aus dem anarchistischen Lager der einheimischen Arbeiterkreise drohten, zu einem glücklichen Ende geführt zu haben, gebührt der konstitutionellen Partei, deren Führer nun die Zügel der Regierung in Finnland in die Hand nahmen. Die bedeutsamste Aufgabe, die ihr auferlegt ward, war die Reform der alten ständischen Volksvertretung. Diese erfolgte, wie nach den Ereignissen der Streikwoche zu erwarten war, in so gründlicher Weise, daß vom alten Gebäude des Vierständelandtages kaum ein Stein übrig blieb. Über den Inhalt und die Bedeutung dieser Reform wird weiter unten (S. 49 f.) berichtet.

Neue Unterdrückung. Diese Reform sollte jedoch auch die einzige von Bedeutung bleiben, die das finnische Volk seinem neu errungenen Selbstbestimmungsrecht verdanken durfte. Schon nach wenigen Jahren trat die russische Regierung von neuem Finnland gegenüber mit Ansprüchen auf, die in unzweideutiger Weise die Absicht bekundeten, das durch das Novembermanifest von 1905 unterbrochene Russifizierungswerk weiterzuführen. Wiederum war es die Wehrpflichtfrage, die als Sturmbock gegen die finnische Selbständigkeit dienen sollte. Der Landtag hatte, um eine friedliche Lösung der Militärfrage zu ermöglichen, unter Vorbehalt seiner verfassungsmäßigen Rechte nicht nur die Auszahlung der im März 1905 geforderten 20 Millionen Mark bewilligt, sondern auch noch weitere 20 Millionen für die Jahre 1905–1907, jedoch mit dem ausdrücklichen Zusatz, daß er damit die Frage für erledigt betrachte und nun einer unverzüglichen Regelung der Militärfrage in Übereinstimmung mit der Verfassung entgegensehe. Trotzdem erschien am 7. Oktober 1909 ein hinter dem Rücken der finnischen Behörden ausgearbeitetes Manifest, worin der Kaiser aus eigener Machtvollkommenheit die Frage im Prinzip entschied und Finnland die Pflicht auferlegte, als Entschädigung für die ausfallende persönliche Wehrpflicht der russischen Reichsschatzkammer auch fernerhin eine Kontribution zu zahlen, die mit jedem Jahre um eine Million steigen sollte, bis sie auf 20 Millionen jährlich gewachsen sei. Ohne Rücksicht auf alle eindringlichen Mahnungen des Landtages, die mit seiner Auflösung beantwortet wurden, und trotz seiner wiederholten Erklärungen, bei der Lösung der Kontributionsfrage der russischen Regierung im weitesten Maße entgegenkommen zu wolleu, falls diese den verfassungsmäßigen Weg einschlüge, gebot schließlich ein mit Hilfe der russischen Kammern zustande gekommenes „Reichsgesetz" vom 23. (10.) Januar 1912 die endgültige Ersetzung der persönlichen Wehrpflicht durch die im Manifest vom 7. Oktober 1909 anbefohlene Wehrpflichtsteuer.

Gleichzeitig traten auch in anderen Gesetzgebungsfragen in beunruhigender Weise die Absichten der russischen Regierung zutage, das Februarmanifest von 1899 wieder aufleben zu lassen. Der russische Ministerrat erklärte, daß die für die Vorbereitung der finnischen Angelegenheiten geltende Ordnung nicht in genügender Weise die „Interessen des Kaiserreichs" sicherstelle. Und, ohne daß die finnische Regierung davon benachrichtigt worden wäre, erschien ein auf russischem Verwaltungswege zustande gekommenes und am 2. Juni (20. Mai) 1908 vom Kaiser sanktioniertes „Reglement für den Vortrag finnischer Angelegenheiten, welche die Interessen des Kaiserreichs berühren". Dieses Reglement schob den Ministerrat als unumgängliches Glied in den Instanzenweg ein, der für die Behandlung finnischer Fragen bis zu ihrem Vortrage beim Kaiser vorgeschrieben war; es verbot den finnischen Behörden, irgend etwas dem Kaiser vorzutragen, ehe der Ministerrat darüber sein Gutachten abgegeben. Kraft dieses Reglements gab es nunmehr keine Angelegenheit über Finnland, die nicht den russischen Ministerrat passieren mußte, nichts, was dieser nicht als die dehnbaren „Reichsinteressen" berührend zurückhalten konnte. Das Reglement von 1908 schien jedoch dem Ministerrat noch nicht in genügender Weise die Einmischung russischer Behörden in finnische Angelegenheiten zu gewährleisten. Um jeglichen Widerspruch der finnischen Organe auszuschalten, befahl ein Manifest vom 27. (14.) März 1910, daß die Frage der Reichsgesetzgebung ausschließlich von den russischen Kammern zu entscheiden sei, und in Übereinstimmung hiermit wurde der Duma und dem Reichsrat eine Gesetzesvorlage überreicht, deren Hauptinhalt dahin lautete, daß es den russischen gesetzgebenden Körpern zukäme, zu entscheiden, welche Fragen als zur „Reichsgesetzgebung" gehörend, der legislativen Zuständigkeit des finnischen Landtages entzogen sein sollten. In der Reichsduma wurde der Gesetzentwurf trotz eines heftigen Widerstandes von seiten der Opposition unter dem Triumphruf „Finis Finlandiae!" in Bausch und Bogen angenommen. Schon am 30. (17.) Juni 1910 sanktionierte der Kaiser dieses Gesetz „Über die Ordnung für die Formulierung von Gesetzen und Verordnungen von allgemeiner Reichsbedeutung, die Finnland berühren."

Das Gesetz war kaum sanktioniert worden, als der Ministerrat in größter Eile zwei „Reichsgesetzentwürfe" ausarbeiten ließ, die er in Gemäßheit mit jenem „Programmgesetz" behandelt zu sehen wünschte. Der Landtag, der eine Begutachtung dieser Vorlagen ablehnte, wurde aufgelöst. Die Gesetzentwürfe gingen an die russischen Kammern und wurden hier mit derselben dienstwilligen Eilfertigkeit verabschiedet wie im Frühjahr der Reichsgesetzgebungsentwurf. Die Urkunden, von denen hier die Rede ist, waren das S. 38 erwähnte Gesetz über die Militärkontribution, das am 23. (10.) Januar 1912 sanktioniert wurde, und ein am 6. Februar (24. Januar) 1912 vom Kaiser bestätigtes Gesetz „Über die rechtliche Gleichstellung der übrigen russischen Untertanen mit den finnischen Staatsbürgern". Dieses letztere Gesetz wurde zum Hebel, mit dem die russischen Machthaber die festen Tore des finnischen Verfassungsbaues in der Praxis aus den Angeln heben zu können glaubten, und bildete den Ausgangspunkt aller folgenden Konflikte, die das öffentliche Leben Finnlands bis zur russischen Revolution 1917 erschütterten.

Die Entwicklung nach dem Umsturz 1917. Die Ereignisse seit dem letztgenannten Zeitpunkt lassen sich im einzelnen noch nicht übersehen. Deshalb seien hier nur die Haupttatsachen, soweit sie zweifellos sind, wiedergegeben.

Der Gedanke an eine Loslösung von Rußland und an einen selbständigen finnischen Staat ist nicht ein Ergebnis der jüngsten Ereignisse im Land der tausend Seen. Schon während des fünfzehnjährigen Verfassungskampfes träumten einzelne finnische Patrioten diesen Traum. Aber die Aussichten auf eine Verwirklichung dieses Traumes begannen erst im Weltkrieg eine greifbare Gestalt zu gewinnen. Mit ungeheurer Spannung verfolgte das ganze finnische Volk den Riesenkampf Deutschlands gegen den verhaßten russischen Unterdrücker. Und je weiter der Krieg fortschritt, um so schneller verbreitete sich in Finnland die Überzeugung, daß nun auch für das finnische Volk die Schicksalsstunde geschlagen hatte und daß die Schaffung eines selbständigen finnischen Staates in den Bereich der Möglichkeit zu rücken begann. Mit dem unerwartet raschen Sieg der russischen Revolution sah sich das finnische Volk plötzlich vor die Notwendigkeit gestellt, eine Entscheidung zu treffen. Trotz alledem, oder vielleicht gerade wegen der Schnelligkeit, mit der die Ereignisse aufeinander folgten, standen die führenden politischen Kreise in Finnland zunächst dieser Entscheidung schwankend gegenüber. Vor der noch immer ungebrochenen Macht des Riesenreichs wagte man nicht, die Konsequenzen aus dem Umsturz der Märztage 1917 zu ziehen. So kam es, daß man an die provisorische Regierung in Petersburg anfangs nicht mit der Forderung einer staatlichen Trennung, sondern einer möglichst raschen und vollständigen Wiederherstellung der Verfassung und der gesetzlichen Ordnung herantrat. Zu diesem Zweck wählten die Parteien des Landes im März 1917 Delegierte, die nach Petersburg geschickt wurden, um mit dem finnischen Kommissariat der Reichsduma über die Lage zu beraten. Das Ergebnis dieser Beratungen war das von der provisorischen russischen Regierung erlassene Manifest vom 20. März 1917, das die Autonomie Finnlands im vollem Umfange wiederherstellte und erweiterte Rechte für Landtag und Senat versprach. Der während des Krieges gewählte Landtag, in dem die Sozialdemokraten die absolute Mehrheit erlangt hatten, wurde einberufen und eine neue Regierung eingesetzt, die aus sechs Sozialdemokraten und sechs Bürgerlichen bestand. Diese Regierung geriet gleich in einen scharfen Gegensatz zu der Kerenskischen provisorischen Regierung in Petersburg, indem sie die Auffassung verfocht, daß die Befugnis des Kaisers, finnische Gesetze zu sanktionieren, nunmehr auf den finnischen Senat übergegangen sei, während die Petersburger Regierung darauf bestand, daß bis zur Regelung der

Frage auf der konstituierenden Versammlung Rußlands, nur sie diese Befugnis ausüben könne. Inzwischen hatte sich die Auffassung hinsichtlich der künftigen staatsrechtlichen Stellung Finnlands im Lande geklärt und gefestigt: ganz allgemein sprach sich schon Anfang April die finnische Presse offen dahin aus, daß es nunmehr für das finnische Volk nur ein Ziel geben könne: die Schaffung eines selbständigen und völkerrechtlich anerkannten Staates Finnland. Dieselbe Auffassung vertrat der sozialdemokratische Kammerpräsident Manner bei der Eröffnung des Landtages am 11. April und der ebenfalls sozialdemokratische Regierungschef Tokoi in einer am 20. April im Landtag gehaltenen Rede. Gegenüber diesem einmütigen Widerstande Finnlands sah sich die provisorische Regierung in Petersburg zu Zugeständnissen gezwungen und genehmigte — allerdings mit recht wesentlichen Änderungen — die vom finnischen Senat formulierten Forderungen hinsichtlich der staatsrechtlichen Befugnisse der beiden Regierungen in Helsingfors und Petersburg. Mit dem von Petersburg vorgeschlagenen Wortlaut war aber der finnische Landtag wiederum nicht einverstanden und arbeitete die Vorlage vollständig dahin um, daß die ganze Gesetzgebungsgewalt — mit Ausnahme der vorläufig offen gelassenen Fragen der äußeren Politik, der Kriegsgesetzgebung und der militärischen Verwaltung — ausschließlich auf den finnischen Landtag übergehen sollte. Diese Vorlage wurde in der Nacht auf den 18. Juli, in demselben Augenblick, wo der erste mißlungene Bolschewikiaufstand in Petersburg tobte, im finnischen Landtag mit 136 gegen 55 Stimmen zum Gesetz erhoben. An sich enthielt dieses Gesetz keine formelle oder ausdrückliche Selbständigkeitserklärung. Es wurde aber zu einer solchen durch einen sozialdemokratischen Antrag, der dahin lautete, daß das Gesetz ohne Berücksichtigung der russischen Regierung ohne weiteres in Kraft treten sollte. Diesen Souveränitätsstandpunkt gab aber die finnische Sozialdemokratie inkonsequenterweise sofort wieder auf, als sie vom Mißlingen des Aufstandes in Petersburg erfuhr: sie bat die provisorische Regierung um eine Anerkennung des Gesetzes. Diese fühlte sich jetzt aber stark genug, um mit Energie den Forderungen der Finnländer entgegenzutreten. Durch das Manifest vom 31. Juli löste sie den Landtag auf und schrieb für den 1. und 2. Oktober neue Wahlen aus. Die folgenden Monate waren durch schwere innere Wirren und Gegensätze zwischen den beiden Parteigruppen in Finnland, den Sozialdemokraten und den Bürgerlichen, erfüllt. Obgleich beide das gleiche Endziel, die Unabhängigkeit verfolgten, spitzte sich der Gegensatz in der inneren Politik, vornehmlich in der sozialen Frage, immer mehr zu. Auch in ihrem Verhalten zu Rußland gingen sie verschiedene Wege, indem die Sozialdemokraten ihre ganze Hoffnung auf die Maximalisten setzten, die Bürgerlichen dagegen von einem Zusammenarbeiten mit diesen nichts wissen wollten. Die inneren Zustände wurden dadurch immer verworrener und schwieriger. Die Lebensmittelkrisis nahm immer drohendere Gestalt an; an zahlreichen Orten brachen Hungerunruhen aus. Ein von den Sozialdemokraten in Szene gesetzter Generalstreik in Helsingfors zwang schließlich, als er die Lage nur verschlimmerte, die sozialdemokratischen Regierungsmitglieder abzugehen. Vor allem aber brachte die rohe Willkür und Zügellosigkeit der russischen Soldateska die Erbitterung des Volkes zum Siedepunkt. Unter diesen aufregenden Verhältnissen hatten die Wahlen zum Landtage stattgefunden und, wie vorauszusehen war, eine wesentliche Verstärkung der bürgerlichen Parteien gebracht. Dann kam der Sieg der Maximalisten in Petersburg. Die Bürgerlichen entschlossen sich nun zu weitgehenden Zugeständnissen an die Sozialdemokratie und schlugen die Bildung eines Koalitionssenats vor. Während dieser politischen Kämpfe und mitten in einem von der Sozialdemokratie neuentfachten Generalstreik richtete die rote „Garde" im ganzen Lande ein Blutbad unter den Bürgerlichen an. Die Errichtung einer Schutzmacht gegen diese Gewalttaten, der „Weißen Garde", veranlaßte die sozialdemokratische Partei, unter dem Druck ihres linken Flügels, die Mitarbeiterschaft mit den Bürgerlichen abzulehnen. Diese wählten nun (26. November) eine neue Regierung unter Svinhufvuds Präsidium, der es gelang, im Dezember eine Selbständigkeitserklärung des Landtages durchzusetzen und die Anerkennung der Selbständigkeit durch Deutschland, Schweden und vor allem die maximalistische Regierung in Petersburg zu erlangen. Die letztere hatte aber, wie es sich nachträglich erwies, ihre Anerkennung nur unter der stillschweigenden Voraussetzung erteilt, daß die finnischen Gesinnungsgenossen der Bolschewiki die Macht in ihre Hände bekämen. Truppen-, Waffen- und Munitionssendungen aus Petersburg zeigten dem finnischen Volk, was seiner harrte. In der Nacht auf den 20. Januar begann die Rote Garde an drei Stellen den Kampf gegen die Weiße Garde. Am 28. Januar besetzte sie die Hauptstadt und ernannte eine neue maximalistische „Regierung". Der Aufruhr verbreitete sich über Südfinnland, und gleichzeitig stand die Landbevölkerung, ja auch ein großer Teil der Arbeiter im ganzen Lande auf gegen die russische Soldateska und deren rote Helfershelfer. Der finnische Freiheitskrieg hatte seinen Anfang genommen.

Der Herrschaft der roten Regierung blieb nur der südlichste Teil des Landes unterworfen, dessen Grenze etwa von Björneborg am Bottnischen Meerbusen über Tammerfors nach Willmanstrand und Wiborg verlief. Im übrigen Finnland organisierte sich unter der tatkräftigen Führung des Generals Mannerheim die gesamte, der Regierung Svinhufvud treugebliebene Bevölkerung der verschiedenen Klassen, unter ihnen auch ein Teil der sozialdemokratischen Arbeiter. Nachdem der Norden durch die „Weißen" (wie die Regierungstruppen im Gegensatz zu den „Roten" genannt wurden) von den Aufrührern gesäubert worden und ihre Truppenbestände durch die Ankunft der in Deutschland ausgebildeten finnischen Jäger eine wesentliche militärische Verstärkung erfahren hatten, begann Mannerheim Mitte März die Offensive gegen die Aufrührer. Von entscheidender Bedeutung für den weiteren Verlauf des Kampfes wurde die militärische Unterstützung, die Deutschland der von ihm anerkannten Regierung Svinhufvud lieh. Anfang März landeten deutsche Truppen auf Åland, einen Monat später in Hangö, und den 12. April hatten sie sich in den Besitz der Hauptstadt gesetzt. Nach einigen blutigen Schlachten (Tammerfors, Tavastehus, Lahti, Wiborg) war endlich im Mai ganz Finnland wieder in der Gewalt der gesetzlichen Regierung. Der Rest der roten Armee (etwa 80000 Mann) war gefangen, ein kleinerer Teil nach Rußland entwichen. Den 16. Mai fand der feierliche Einzug der Weißen Truppen in Helsingfors statt. Mit gleicher Begeisterung wie das eigene Heer in der Hauptstadt wurden die deutschen Truppen auf finnischem Boden begrüßt. Das deutsche Blut, das dort geflossen, wird in Zukunft eine Ernte von tiefster Dankbarkeit und Anhänglichkeit tragen. Denn wesentlich dank Deutschlands Eingreifen war Finnland nun endlich frei. Um einen teuren Preis hat sich das Volk von dieser Seuche befreit: Tausende seiner besten Söhne sind auf dem Schlachtfeld verblutet; andere Tausende sind Meuchelmördern zum Opfer gefallen. Aber es ging um Leben und Tod des ganzen Volkes.

Trotz all ihrer Greuel war diese unheimliche Katastrophe für das finnische Volk letzten Endes ein Glück. Denn es war nicht bloß eine Befreiung. Es war ein riesiges Reinemachen, eine Läuterung und

Säuberung am Körper und an Seele, ein Aderlaß, der alle stinkende Pestilenz aus den vergifteten Adern des Volkstums davonrinnen ließ. Das gibt diesem bluttriefenden und martervollen Abschluß des zwanzigjährigen Freiheitskampfes Finnlands die höhere Weihe und versöhnende Wirkung. Darin liegt auch die Gewähr dafür, daß der ganze Freiheitskampf nicht vergebens war, sondern Früchte tragen wird, die von Dauer sind. Wohl werden auch dem freien Finnland innere Kämpfe nicht erspart bleiben, aber das werden Kämpfe eines gesunden, nach weiterem Fortschritt ringenden Lebens sein.

III. Der gegenwärtige Bau des Staates.

Die Zentralorgane der Regierung. Trotzdem nach dem Sturz des Zartums auch die finnische Verfassungsform in wesentlichen Teilen nur noch ein geschichtliches Interesse hat, seien ihre Hauptzüge hier doch insoweit wiedergegeben, als sie sich auf den finnischen Staat als solchen, abgesehen von seinem ehemaligen Verhältnis zu Rußland beziehen. Nach dieser auf die Grundgesetze von 1772 und 1789, die Landtagsordnung von 1906 und einige andere Grundgesetze sich gründenden Verfassung liegt die Regierungsgewalt ausschließlich in den Händen des Monarchen. Er allein ernennt die Mitglieder der Regierung und ihm allein sind diese für ihre Amtstätigkeit verantwortlich. Das parlamentarische Regierungssystem ist also dem finnischen Verfassungsrecht fremd. Einen anderen Eckpfeiler dieses Rechtes bildet der mit Nachdruck hervorgehobene Grundsatz, daß die Regierungsgewalt nur in genauer Übereinstimmung mit den Grund- und übrigen Gesetzen ausgeübt werden darf und daß allgemeine Gesetze nicht ohne Mitwirkung und Zustimmung der Volksvertretung geschaffen, verändert oder aufgehoben werden können. Auf dem Gebiet des Staatshaushaltes ist der Monarch berechtigt, über die Anwendung der ordentlichen Staatseinnahmen, d. h. der von selbst gegebenen und ohne die besondere Bewilligung des Landtages zur Verfügung stehenden Einnahme zu verfügen. Die Betätigung der Volksvertretung an der Führung des Staatshaushaltes ist weit beschränkter als in Staaten mit modernen Verfassungen und kommt vor allem in ihrem Steuerbewilligungsrecht zum Ausdruck. Ohne „Wissen, freien Willen und Zustimmung der Stände" (des Landtages) können (außer bei feindlichem Einfall) keine neuen

Steuern oder andere Leistungen dem Volk auferlegt werden. In welcher Weise die zur Befriedigung des Staatsbedarfes nötigen Mittel zu beschaffen sind, soweit die ordentlichen Staatseinnahmen dazu nicht ausreichen, hängt von der Prüfung und den Beschlüssen des Landtags ab. Die Volksvertretung beschließt also nicht über den Staatsvoranschlag als Ganzes, sondern nur über die verlangten Zuschüsse. Sie ist aber naturgemäß befugt, den Voranschlag in seiner Gesamtheit zu kritisieren und kann, falls er ihr mangelhaft erscheint, die Bewilligung von Zuschüssen verweigern. Es muß deshalb unter allen Umständen erst der gesamte Staatsbedarf festgestellt sein, ehe der Landtag über die zu seiner Verfügung stehenden Deckungsmittel beschließt. Aus dem Steuerbewilligungsrecht ergibt sich auch die Folgerung, daß — jedenfalls in Friedenszeiten — Staatsanleihen nicht ohne Mitwirkung des Landtags aufgenommen werden dürfen. Im übrigen ist aus dem Inhalt der Verfassungsgesetze noch hervorzuheben, daß die Rechte des Volkes und die persönliche Freiheit und die Unantastbarkeit der Bürger ausdrücklich und im einzelnen verbürgt werden.

Die oberste Regierungsbehörde, Finnlands Senat, entspricht ihrer Aufgabe nach im wesentlichen einem Ministerkonseil. Der Senat ist eine teils beratende, teils selbständig beschließende Behörde, deren beide durchaus verschiedene Abteilungen: das Justizdepartement und das Verwaltungs- („Ökonomie") departement zusammen das Plenum bilden, das nur zur Behandlung besonderer, wichtiger Gesetzfragen zusammentritt. Dem Justizdepartement liegt die ordentliche Rechtspflege in oberster Instanz ob. Das Verwaltungsdepartement übt die zivile Verwaltung und die Verwaltungsgerichtsbarkeit in oberster Instanz aus und ist in eine Anzahl „Expeditionen" eingeteilt, deren Funktionen in der Hauptsache denen von Ministerien entsprechen. Die höchste Justizkontrolle liegt in den Händen des Prokurators des Senats. Ihm liegt die Aufsicht darüber ob, daß die Gerichte und die Behörden überhaupt die Gesetze und sonstigen Vorschriften befolgen. Ihm sind alle öffentlichen Anwälte untergeordnet. Er hat aber auch darüber zu wachen, daß der Senat sich keine gesetzwidrigen Amtshandlungen zu Schulden kommen läßt. Er hat deshalb den Sitzungen des Senats möglichst beizuwohnen und auf etwaige Verstöße aufmerksam zu machen. An den Beratungen und Beschlüssen des Senats nimmt er jedoch nicht teil.

Verwaltung. Für die spezielle Handhabung der Verwaltung in ihren verschiedenen Zweigen sind zentrale Behörden errichtet, die unter der unmittelbaren Aufsicht der Ministerien d. h. der verschiedenen Expeditionen des Verwaltungsdepartements des Senats arbeiten. An der Spitze einer jeden der neun Provinzen, in die Finnland in administrativer Hinsicht eingeteilt ist, steht eine Provinzialregierung. Sie besteht aus dem „Landeshauptmann" (1834—1918 „Gouverneur" genannt), der allein das Entscheidungsrecht hat, und dem „Landsekretär" und „Landkämmerer", die in Abwesenheit des Landeshauptmanns dessen Entscheidungsrecht ausüben. Die Selbstverwaltung der weltlichen Gemeinden ist für das flache Land durch ein Gesetz von 1865 und für die Städte durch ein Gesetz von 1873 geregelt. Danach besitzt jedes unbescholtene und besteuerte — männliche sowohl wie weibliche — Mitglied der Gemeinde Stimmrecht in Angelegenheiten derselben. Das Vollzugsorgan ist der Magistrat, der aus dem Bürgermeister und den Ratsherren besteht. In den ländlichen Gemeinden entsprechen diesen Organen die Gemeindeversammlung oder die Gemeindebevollmächtigten, sowie der Gemeinderat als vollziehende Behörde.

Die Rechtspflege. Für die Gerichtspflege in erster Instanz ist die Rechtsprechung der Städte von der der ländlichen Bezirke getrennt. Auf dem Lande ist das Kreisgericht die erste Instanz. Der Kreisrichter wird von der Regierung ernannt, aber das Volkselement ist im Gericht durch die Beisitzer vertreten, die wenigstens aus fünf unter den ortsansässigen Einwohnern gewählten Männern bestehen. Wenn die Beisitzer einstimmig eine andere Ansicht hegen als der Richter, so gibt ihre Stimme den Ausschlag; in allen anderen Fällen fällt die Entscheidung nach der vom Kreisrichter ausgesprochenen Ansicht. Das Kreisgericht tagt in der Regel zweimal jährlich in jedem der 62 Gerichtssprengel des Landes. Die erste Instanz in den Städten ist das Rathausgericht, das aus dem Bürgermeister und den Ratsherren besteht. Die Ratsherren werden von den Mitgliedern der Stadtgemeinde gewählt. Der Bürgermeister wird unter drei auf dieselbe Weise gewählten Kandidaten von der Regierung ernannt. Über diesen Gerichten steht das aus einem Präsidenten nebst Hofgerichtsräten und Assessoren zusammengesetzte Hofgericht, von denen es drei gibt: in Åbo (seit 1623), in Wasa (1775) und in Wiborg (1839). Die Stellung der Richter ist selbständig und unabhängig:

laut Grundgesetz dürfen Richter gleich den übrigen etatsmäßig angestellten Beamten nicht ohne gesetzliche Untersuchung und richterliches Urteil ihres Amtes entsetzt werden. Eine Ausnahme bilden die Senatoren des Justizdepartements, die als Vertrauensmänner des Monarchen von ihm allein ernannt und verabschiedet werden. Die Benutzung von Advokaten bei Prozessen ist nicht obligatorisch; die Rechtsanwälte besitzen deshalb in Finnland keinen offiziellen Charakter. Die Gerichtsgewalt in höchster Instanz gehört grundsätzlich dem Monarchen. Die Ausübung dieser Gewalt ist, wie oben erwähnt, dem Justizdepartement des Senats anvertraut. Die bisher vergeblichen Versuche, das Justizdepartement als einen unabhängigen höchsten Gerichtshof aus seiner veralteten Verbindung mit dem Verwaltungsdepartement des Senats zu lösen, werden voraussichtlich in der nächsten Zukunft eine befriedigende Lösung finden.

Die Heeresorganisation ist, während dieses geschrieben wird, erst im Werden begriffen. Über die früheren Schicksale der Militärfrage ist im Kapitel „Geschichte" berichtet worden (S. 31 ff.).

Finanzen. Äußerst bescheiden war anfangs das finnische Budget. Für das Jahr 1815 betrugen die Staatsausgaben rund 5732000 Mark; noch 1835 waren sie nicht höher als auf 7623000 Mark gewachsen. Dann begann das Budget rasch zu steigen: das Jahr 1864 weist 17743000 Mark Einnahmen und 18033000 Mark Ausgaben auf. Zehn Jahre später betrugen die Einnahmen 28378000 Mark, die Ausgaben 26455000 Mark. Für das Jahr 1914 weisen sie folgende Posten auf:

Ordentliche Staatseinnahmen:

Aus Domänen und anderem Staatsvermögen	79377272,42
Direkte Steuern	6895024,01
Indirekte Steuern	59098992,03
Verschiedene andere Steuern	5041002,21
Abgaben f. d. Benutzung verschiedener Staatseinrichtungen	10823153,48
Diverse Einnahmen	6600011,57
Im ganzen Einnahmen	167835455,72

Ordentliche Staatsausgaben:

Landtagskosten	704506,15
Verwaltung und Rechtspflege	123207617,19
Kirche, Schule, Wissenschaft und Kunst	19463028,19
Pensionen	5622317,62
Annuitäten der Staatsschuld	8023957,04
Im ganzen Ausgaben	157021426,19

Bemerkenswert ist, daß dieses rasche Anwachsen des Budgets ohne Zuhilfenahme drückender Besteuerungsmaßregeln vor sich gegangen ist. Zeitweise sind sogar Herabsetzungen und Aufhebungen bestehender Steuern vorgekommen. Die größte Steigerung der Ausgaben hat für ausschließlich kulturelle Zwecke (Schulwesen, Gesundheitspflege u. ä.) stattgefunden. Der Wert des Staatsinventars betrug 1907 rund 920 241 000 Mark. Die Staatsschulden waren von 174½ Millionen Mark im Jahre 1912 auf 173 Millionen im Jahre 1913 und 171 Millionen Mark im Jahre 1914 gesunken. Der Weltkrieg und der rote Aufruhr haben diese verhältnismäßig geringe Schuldenlast ungeheuer erhöht. Zu Ausgang des Jahres 1913 gab es in den zum Staatsbudget gehörenden Fonds ein erspartes Gesamtkapital von rund 95 Mill. Mark.

Die Kirche. Grundsätzlich steht die konfessionelle Gesetzgebung auf dem Standpunkt, daß die Staatsbürger verpflichtet sind, der lutherischen Kirche anzugehören, die die Stellung einer mit weitgehendem Selbstbestimmungsrecht ausgestatteten allgemeinen Landeskirche und zugleich einer Staatskirche einnimmt. Aber das geltende Kirchengesetz von 1869 erklärt zugleich, daß niemand daran gehindert werden darf, aus der lutherischen Kirche auszutreten und zu einer anderen Religionsgemeinschaft überzugehen. Doch kann ein Übertritt mit rechtlich anerkannter Wirkung laut einem Gesetz von 1889 nur zu solchen protestantischen Sekten stattfinden, die auf dem Grunde der Bibel und des apostolischen Bekenntnisses stehen. Die religiöse Freiheit ist also nicht als ein dem Individuum zukommender Anspruch anerkannt, sondern wird als eine Angelegenheit betrachtet, die der Staat nach seinem Ermessen und in seinem Interesse ordnet. Die grundsätzliche Rückständigkeit in dieser Frage ist mit eine Folge der Stellung und Rücksichtnahme, die die griechisch-orthodoxe Kirche für ihre Mitglieder in Finnland beansprucht hat. In der Praxis kann man wohl die Religionsfreiheit als vorhanden bezeichnen und ihre formelle völlige Anerkennung durch das Gesetz wird wohl nicht mehr lange auf sich warten lassen. Im Jahre 1911 beschloß der Landtag die Zivilehe als fakultative Form neben der kirchlichen Trauung einzuführen.

Das Land ist in vier Bistümer eingeteilt, an deren Spitze drei Bischöfe und ein Erzbischof (in Åbo) stehen, die den Vorsitz im Konsistorium, der obersten kirchlichen Verwaltungsbehörde im Bistum, führen. Vorsteher der einzelnen Gemeinden sind die Pastoren, denen außer den kirchlichen Verrichtungen und Verwaltungspflichten auch die Führung der Zivilstandsregister obliegt. Das beratende und beschließende Organ der lokalen kirchlichen Selbstverwaltung ist die Gemeindeversammlung, die den Kirchenrat als ausführende Körperschaft wählt. Die evangelisch-lutherische Landeskirche in ihrer Gesamtheit wird durch die kirchliche Generalversammlung vertreten, die aus den Bischöfen, 30 Pastoren, 44 weltlichen Abgeordneten und Vertretern des Senats, der Hofgerichte und der theologischen und juristischen Fakultät der Universität besteht und der die Initiative in Gesetzgebungsfragen auf dem Gebiet des Kirchenrechts und das Recht der endgültigen Entscheidung hinsichtlich der liturgischen Handbücher gehört. Das oberste Kirchenregiment kommt der Regierung zu.

Der Landtag. Die Volksvertretung wurde nach dem großen Generalstreik vom November 1905 in äußerst radikaler Richtung vollständig neu gestaltet. Es war, wie oben (S. 37) hervorgehoben wurde, ein radikaler Sprung aus einer Vergangenheit, die sich bewährt, aber, wie man jetzt anzunehmen sich bestrebte, überlebt hatte, in eine noch unerprobte und ungewisse Zukunft. Im Eifer des Reformdranges, zum Teil aber auch unter dem Zwange der damals herrschenden Zeitverhältnisse und Stimmungen, schuf man eine Volksvertretung, die den Forderungen der Demokratie in bisher unbekannter Weise entgegenkam. Nach dieser, den 20. Juli 1906, vom Kaiser als Grundgesetz sanktionierten Landtagsordnung besteht der finnische Landtag nunmehr aus einer Kammer mit zweihundert Mitgliedern. Die Legislaturperiode umfaßt drei Jahre; dem Monarchen steht das Auflösungsrecht zu. Der Landtag tritt jährlich zusammen, und jede Sitzungsperiode dauert neunzig Tage. Er wählt selbst sein Präsidium. Die Unabhängigkeit und Immunität der Abgeordneten ist gewährleistet. Die Abgeordneten bekommen Reisekosten und Diäten. Finnisch und Schwedisch sind die einzigen gestatteten Verhandlungssprachen. Wahlberechtigt ist jeder finnische Bürger beiderlei Geschlechts, der das vierundzwanzigste Lebensjahr vollendet hat. Jeder Wahlberechtigte ist auch wählbar. Die Abgeordneten werden durch direkte, geheime und proportionelle Wahlen gewählt; zu diesem Zweck wird das Land in mindestens zwölf, höchstens achtzehn Wahlkreise eingeteilt. Die Wahlfreiheit ist sichergestellt. Das Wahlgesetz rechnet mit dem politischen Interesse und der Initiative der Wähler selbst als mit einem Kardinalfaktor des ganzen Wahlsystems. Die Bildung und die Kombination freiwilliger Verbindungen politisch gleichgesinnter Wähler (sog.

„Wählervereine" und „Wahlbündnisse") sind, wie es bei den meisten Proportionalwahlsystemen der Fall ist, die eigentliche Triebfeder des ganzen Wahlverfahrens.

Es war selbstverständlich, daß bei einer so sprunghaften Erweiterung des direkten Wahlrechtes diejenige Partei, die als Fürsprecherin des Proletariats auftrat, die Sozialdemokratie, zur mächtigsten Partei des Landtages wurde. Sie hat durchschnittlich über 40 bis 50 v. H. der Mandate verfügt. Da die Mehrheit dieser in Finnland noch in der Entwicklung begriffenen Partei erklärlicherweise an Kompetenz und Bildung keinen Vergleich mit den Mitgliedern des alten Ständelandtages aushalten kann, steht der neue finnische Landtag im Durchschnitt dem alten an Sachkenntnis bedeutend nach. Die Befürchtungen, die man infolgedessen hinsichtlich der Arbeitsfähigkeit des Landtags hegte, haben sich leider zum Teil bewahrheitet. Aber auch im übrigen dürfte man heute zu der Einsicht gekommen sein, daß diese Reform in ihrem Radikalismus über die Grenzen hinausging, innerhalb welcher eine gesunde Entwicklung des politischen Lebens beschlossen lag.

Die politischen Parteien. Die Neugestaltung der Volksvertretung hatte auch zur Folge, daß die politischen Parteien überhaupt eine bestimmtere Abgrenzung in ihrer Organisation und eine klarere Formulierung ihres Programmes erhielten. Es war bis dahin eine mit der veralteten Form des Ständelandtages zusammenhängende und für das politische Leben Finnlands eigenartige Erscheinung gewesen, daß es bis in die jüngste Zeit keine politischen Parteien in dem Sinne gab wie in anderen Ländern, sondern die Parteigegensätze sich wesentlich auf die Zugehörigkeit zu einer der beiden Sprachenparteien des Landes gründeten, so daß in den meisten Fragen nicht die konservative oder liberale Gesinnung, sondern der „svekomane" oder „fennomane" Standpunkt den Ausschlag gab. Die Partei der „Svekomanen" trug vorwiegend einen liberalen, zum Teil sogar radikalen Charakter. Die konservativen Bestrebungen, die sich hier bemerkbar machten, hatten vorwiegend wirtschaftliche Ziele oder waren auf Erhaltung der schwedischen Sprache gerichtet. In der fennomanen Partei war aber schon vor Beginn des Verfassungskampfes eine Spaltung in eine konservative und eine liberale Richtung eingetreten, die sich „Altfinnen" und „Jungfinnen" nannten. Im alten Landtage waren die Sprachenparteien in der Gestalt zu Tage getreten, daß der Adel fast ganz und gar, das Bürgertum überwiegend „svekoman", der Geistliche oder

„Predigerstand“ und der Bauernstand dagegen vorwiegend „fennoman“ gewesen waren. Die Gegensätze in rein politischen Fragen konnten zu keiner eigentlichen organisierten Parteibildung gelangen, weil ihre Vertreter auf alle vier Stände verteilt und auch infolge der mit der Vierständeteilung zusammenhängenden Technik des parlamentarischen Verfahrens nicht in der Lage waren, als geschlossene Organisationen sich geltend zu machen. Das neue Wahlgesetz und der neue Einkammerlandtag ermöglichten dagegen nicht nur, sondern erzwangen geradezu die Bildung und den Zusammenschluß rein politischer Parteien, bei denen freilich der Sprachenstandpunkt ebenfalls noch Berücksichtigung fand, aber nicht mehr ausschließlich und so summarisch wie früher den Ausschlag gab. Die Parteibildungen seit 1906 sind deshalb keineswegs als ganz neu anzusprechen; denn sie stehen durchaus in einem organischen geschichtlichen Zusammenhang mit der Vergangenheit, sie unterscheiden sich von den früheren Parteibildungen hauptsächlich nur dadurch, daß zu den früheren vorherrschenden Meinungsverschiedenheiten in der inneren Nationalitäten- oder Sprachenfrage und der Politik gegen Rußland nun noch die über innere, poltische und soziale Probleme mit entscheidender Wirkung hinzutreten. Diese Meinungsverschiedenheiten kreuzen einander aber in den verschiedensten Richtungen innerhalb der einzelnen Parteien und erschweren infolgedessen für einen Uneingeweihten die Orientierung außerordentlich. Im Parlament kann man heute folgende Parteien unterscheiden:

1. Sozialdemokraten. Sie umfassen außer der Industriearbeiterschaft einen großen Teil der Landarbeiter und die zahlreichen kleinen Grundbesitzpächter. Da sie vorwiegend aus finnisch-sprechenden Elementen bestehen, neigen sie, trotz ihres grundsätzlich internationalen Standpunktes, zu finnischen Sympathien. Die Rolle, die die Partei im Freiheitskrieg gespielt hat, ist S. 40—44 angedeutet worden. In welchem Grade die Niederlage, die sie sich hierbei selbst zugefügt, ihre bisherige Machtstellung beeinflussen wird, läßt sich noch nicht übersehen.

2. Altfinnen. Sie unterscheiden sich, seitdem sie ihre opportunistische Politik Rußland gegenüber aufgegeben haben, von den Jungfinnen eigentlich nur durch die schärfere Betonung des finnisch-nationalen Standpunktes und dadurch, daß in ihr die konservativen Anschauungen einen größeren Anhang haben als bei den Jungfinnen. Heute sind sie die entschiedensten Anhänger eines Anschlusses an Deutschland und einer monarchischen Staatsform für das neue Finnland.

3. Jungfinnen. Sie bildeten früher zusammen mit der schwedischen Volkspartei die radikalste Gruppe im Kampf gegen die Verrussung. Heute spielen sie in den meisten Fragen die Rolle eines linken Flügels der Altfinnen. Im Gegensatz zu diesen sind sie zum Teil streng republikanisch gesinnt.

4. Die schwedische Volkspartei bezweckt in erster Linie die Wahrung der Interessen der Schwedisch sprechenden Bevölkerung und der schwedischen Kultur auf dem Gebiet der inneren Nationalitätenfrage. In der Frage der Staatsform tritt sie für die Monarchie ein, weil sie hierin eine größere Gewähr für den Schutz des schwedischen Kulturelements erblickt.

5. Der Bauernbund (in Finnland die „Agrarpartei" genannt) besteht hauptsächlich aus Kleingutsbesitzern, Volksschullehrern, Landhändlern u. ä., ist sehr antirussisch und in sozialen Fragen stark radikal. Die Partei ist im starken Wachsen begriffen, leidet aber an dem Mangel politisch hervorragender Führer.

Außerdem wäre noch die im Sommer 1917 gegründete „Finnische Volkspartei" zu nennen, die teils mit dem Bauernbund, teils mit den Jungfinnen zusammengeht, und die unbedeutende Partei des „Christlichen Arbeiterbundes", die ein sozialradikales Programm vertritt. Diese Parteibildungen können aber gerade jetzt (Juni 1918), wo das Land sich in einem politischen Neubildungsprozeß befindet, wesentliche Veränderungen erfahren.

Die Stärke der einzelnen Parteien in den Landtagen 1907—1914 geht aus folgender Tabelle hervor[1]):

	1907	1908	1909	1910	1911 bis 1912	1913 bis 1914
Sozialdemokraten	80 (9)	83 (13)	84 (12)	86 (10)	86 (9)	90 (13)
Finnische (Altfinnische) Partei	59 (6)	54 (6)	48 (4)	42 (2)	43 (1)	38 (2)
Jungfinnische Partei	26 (2)	27 (2)	29 (1)	28 (2)	28 (1)	29 (2)
Schwedische Volkspartei	24 (1)	25 (3)	25 (4)	26 (3)	26 (3)	25 (4)
Bauernbund	9 (1)	9 (1)	13 (—)	17 (—)	16 (—)	18 (—)
Christl. Arbeiterbund	2 (—)	2 (—)	1 (—)	1 (—)	1 (—)	—
	200 (19)	200 (25)	200 (21)	200 (17)	200 (14)	200 (21)

1) In Klammern ist die Anzahl der weiblichen Abgeordneten angegeben.

IV. Das Wirtschaftsleben.

Wohnungs- und Grundbesitzverhältnisse. Die Untersuchungen, die über die Wohnungsverhältnisse auf dem flachen Lande angestellt worden sind, haben die überraschende Tatsache zu Tage gefördert, daß sie im Durchschnitt auf dem Lande ungünstiger sind, als in den Großstädten. Es gab 1911 in den ländlichen Gemeinden:

Haushaltungen mit eigener Wohnung auf eigenem Boden	109 933	oder	23,0 %
Haushaltungen mit eigener Wohnung auf gepachtetem Boden	134 550	"	28,1 %
Haushaltungen mit gemieteter Wohnung	147 467	"	30,9 %
Haushaltungen ohne eigene Wohnung	86 192	"	18,0 %

Von den Haushaltungen ohne eigene Wohnung bestanden aus einer Person 50,5 %, aus zwei Personen 19,0 %, aus 3—5 Personen 29,9 %, aus 6 und mehr Personen 4,6 %. Diese Zahlen geben zunächst ein günstigeres Bild, als die für die Großstädte. Anders verhält es sich aber, wenn man die Anzahl Wohnräume in den ländlichen Wohnungen in Betracht zieht. Es gab Wohnungen mit:

1 Wohnraum	159845	oder	40,8 %	6—9 Wohnräumen	16959	oder	4,3 %
2 Wohnräumen	118311	"	30,3 %	10—19 "	3778	"	0,9 %
3 "	50923	"	13,0 %	20 oder mehr Wohnräumen	367	"	0,1 %
4—5 "	41767	"	10,6 %				

Noch ungünstiger erscheinen die Wohnungsverhältnisse auf dem Lande mit Rücksicht auf die Anzahl Einwohner, die durchschnittlich ein und denselben Raum bewohnen. Der Durchschnitt hierfür beträgt 2,40 Personen, während er in den nordischen Großstädten folgende Zahlen aufweist: Stockholm 1,32, Kopenhagen 1,34, Kristiania 1,74, Helsingfors 2,9 Personen.

Die Verteilung des Grundbesitzes auf die einzelnen ländlichen Haushaltungen zeigt kein günstigeres Verhältnis. Es gab:

Haushaltungen, die eigenen Boden bebauten	23 %
Haushaltungen, die gepachteten Boden bebauten	34 %
Haushaltungen ohne eigenen Boden	43 %

In großen Teilen des Landes beträgt der Prozentsatz der bodenbesitzenden Haushaltungen nicht einmal 20 % und nur ausnahmsweise steigt er in einzelnen Gemeinden bis auf 50 %. Ein wenig günstiges Bild gibt auch die Verteilung des Bodens nach der Größe der

Einzelwirtschaften. Allerdings ist die Anzahl kleinster (unter 3 ha), kleiner (3—10 ha) und mittlerer (10—100 ha) landwirtschaftlicher Betriebe in Finnland sehr groß (60 %), aber die volle Hälfte alles bebauten Landes Finnlands befindet sich im Besitz der wenigen größeren und großen landwirtschaftlichen Betriebe.

Der Staat besitzt rund 1 000 landwirtschaftliche Güter. Der größte Teil des Staatsgrundbesitzes besteht jedoch aus Wäldereien (S. 59).

Mit Rücksicht auf ihre Größe verteilen sich die Landgüter wie folgt:

Landgüter	Anzahl		Gesamtbodenfläche	
		%	ha	%
Kleine Landgüter (weniger als 50 ha)	31 262	26,4	873 290	4,4
Mittlere Landgüter (50—250 ha)	67 830	57,2	7 814 801	39,3
Große Landgüter (250—1000 ha)	17 811	15,0	7 709 921	38,7
Die größten Landgüter (über 1000 ha)	1 714	1,4	3 505 744	17,6
Zusammen:	118 617		19 903 756	

Unter den größten Gütern gibt es über 200 mit 2 bis 3 000 ha, 130 mit 3 bis 5 000 ha, 60 mit 5 bis 10 000 ha und 22 mit mehr als 10 000 ha.

Charakteristisch für die finnischen Agrarverhältnisse ist die Tatsache, daß der Prozentsatz bebauten Bodens mit der Größe der Landgüter abnimmt. So sind von der Bodenfläche der kleineren Güter bebaut: 25,1 %, der mittleren Güter: 17 %, der großen: 11,3 % und der größten 9,7 %.

Von der bebauten Bodenfläche sind natürliche Wiesen in Finnland 45 %, in England 53 %, in Schweden 29 %, in Frankreich und Deutschland je 19 % und in Dänemark 8 %.

Die Verteilung des Ackerlandes ist in Finnland im Vergleich zu anderen Ländern günstig; im Durchschnitt entfallen 640 ha auf 1000 Einwohner. Finnland steht dabei bedeutend hinter Dänemark, aber nicht weit hinter Frankreich und Schweden, ein wenig vor Deutschland und bedeutend vor England. Es gibt recht zahlreiche Gemeinden in Finnland, wo auf 1000 Einwohner ebensoviel, ja sogar viel mehr Ackerland kommt als in Dänemark. Hierbei ist allerdings in Betracht zu ziehen, daß der Ackerbau in Finnland viel extensiver betrieben wird, als in Dänemark und anderen südlicheren Ländern.

Das Pachtwesen ist in Finnland in folgender Weise entstanden: Bei den verhältnismäßig ausgedehnten Landgütern lagen die anbaufähigen Bodenflächen zersplittert und durch große Wälder getrennt soweit voneinander entfernt, daß ihre Bebauung unter derselben Verwaltung äußerst schwierig oder unmöglich war. Infolgedessen verpachteten die Gutsbesitzer kleine Flächen ihres anbaufähigen Bodens an Kleinbauern, die sich meistens verpflichteten, die Pachtabgaben in der Gestalt von Arbeitstagen zu leisten, die in der Landwirtschaft des Gutsbesitzers abzudienen waren. Derartige Klein- oder Pachtbauern nennt man schwedisch „Torpare". Ihre Stellung ist sowohl wirtschaftlich als sozial an vielen Orten allmählich unerträglich geworden und deshalb Gegenstand einer energischen Reformarbeit gewesen, die schließlich zu einem im Jahre 1908 vom Landtag angenommenen Pachtgesetz führte, das die Lage der Pächter verbesserte. Doch liegen hier noch weitere große und ungelöste Aufgaben für eine gesunde Agrarpolitik, wie anderseits in den ungeheuren Strecken nicht bebauten (aber zu großem Teil anbaufähigen) Bodens eine weit umfassende und fruchtbringende Kolonisationsarbeit darauf harrt, vom Staat in Angriff genommen zu werden.

Landwirtschaft. Die Landwirtschaft ist das Muttergewerbe Finnlands, denn sie hat der Bevölkerung das tägliche Brot seit jener Zeit geliefert, wo die Jagd nicht mehr wie im Urzustande genügende Beute gab und auch der Fischfang nicht mehr so ergiebig war. Der Ackerbau wurde jedoch anfangs in sehr unvollkommener Weise betrieben. Man schwendete (S. 59) in großem Umfange den Wald oder den Boden und bearbeitete dann das Schwendeland mit den einfachsten Werkzeugen, wie man sie heute nicht mehr einmal in den entlegensten Gegenden des Landes antreffen kann, wo das Schwenden noch immer gebräuchlich ist. Als man nachher zu dem richtigen Hausacker überging, bebaute man ihn in Zwei- und Dreifelderwirtschaft; in dieser Form wird der Ackerbau noch heute in weiten Teilen des Landes betrieben. Erst während der letzten Zeit sind neuere und ergiebigere Arbeitsweisen und Werkzeuge im Ackerbau eingeführt worden.

Die Bodenfläche Finnlands, mit Abzug des städtischen Grundes und der Gewässer, wird auf 33230643 ha berechnet. Davon waren:

	ha	%
bebauter Boden,		
und zwar Acker und Gartenland	1568072	4,7
natürliche Wiesen	1281232	3,9
	2849309	8,6
nicht bebauter Boden	30147913	90,7
Bodenfläche, deren Verwendung unbekannt ist	233426	0,7

Der nicht bebaute Boden besteht zum größten Teil aus Wäldern, Mooren, Sümpfen. In den letzteren liegen unberechenbare Schätze verborgen, da sie zu einem nicht geringen Teil aus anbaufähigem, stellenweise vorzüglichem Boden bestehen, zu dessen Bebauung es bisher nur an der nötigen Arbeitskraft und an Kapital gefehlt hat.

Die einzelnen Getreidearten spielen eine sehr verschiedene Rolle in der Volkswirtschaft. Die geringste Bedeutung hat der Weizen (0,5 % der Gesamternte), der nur in dem südwestlichsten Teil des Landes gebaut wird. Bedeutend wichtiger sind Roggen, Gerste und Hafer, die während der 44jährigen Periode 1861 bis 1905 folgende verhältnismäßige Erntemengen aufwiesen:

Jahr	Roggen %	Gerste %	Hafer %
1861—65	48,9	26,6	24,5
1871—75	49,4	25,9	27,7
1881—85	40,7	21,4	37,9
1891—95	36,4	16,4	47,2
1901—05	33,3	14,8	51,9

Während also die Roggenernte früher etwa die Hälfte der Gesamternte ausmachte, ist sie im letzten Jahrfünft auf ein Drittel zurückgegangen; auch die Gerste hat sich bedeutend verringert, dagegen ist der Hafer von einem Viertel auf mehr als die Hälfte der Gesamternte gestiegen. Auch die Kartoffelernte ist Veränderungen unterworfen gewesen. Sie hat in wachsendem Maße die Getreideernte übertroffen und ist im allgemeinen sehr beträchtlich. Die eben angedeuteten Veränderungen in dem Prozentsatz der verschiedenen Getreideernten finden ihre Erklärung in den klimatischen Ursachen und damit Hand in Hand gehenden Wandlungen der Landwirtschaftspolitik. Da der Roggen sich als besonders empfindlich gegen die Gefahren der Sommernachtsfröste erwies, haben die Landwirte immer mehr auf den Anbau dieser Getreideart verzichtet und statt dessen den Hafer bevorzugt. Diese Veränderungen kommen vor allem der Viehzucht zugute. Man machte die Erfahrung, daß diese auch dann noch einen Ertrag lieferte, wenn der Roggen dem Froste zum Opfer fiel. Mit dem wachsendem Viehbestande stieg aber auch der Bedarf an Futtermitteln. Auf ehemaligen Roggenfeldern wurden nun in größerem Umfange Futtergewächse und Kartoffeln gebaut. Die kräftigere Fütterung des Viehbestandes hatte einen reichlicheren Ertrag an Milch und Butter zur Folge, kam aber auch dem Boden selbst in Gestalt reichlicherer Düngung zugute. Der Geldwert der verschiedenen Arten der Getreideernten weist folgende Zahlen in Millionen Mark auf: Weizen 0,58, Roggen 53,50, Gerste 19,00, Hafer 55,00, Kartoffeln und Hackfrüchte 34,00, zusammen 162,08 Millionen Mark.

In welchem Maße der Erntebetrag von Getreide und Hackfrüchten den Bedarf des Landes zu decken vermag und wie weit er durch die Einfuhr ergänzt werden muß, geht aus folgenden Tabellen für das Jahrfünft 1901—05 hervor:

Getreideart	Jährl. Menge durchschn. Ernte in Millionen kg	Kilogr. auf den Einwohn.	Einfuhr in Mill. kg	Ernte u. Einf. in Kilogr. auf den Einwohn.
Weizen . . .	3,32	1,2	111,93	41,0
Roggen . . .	274,06	97,8	353,07	207,7
Gerste. . . .	101,35	36,2	19,79	35,0
Hafer	297,50	106,2	22,44	88,0
Kartoff. u. and. Hackfrüchte. .	517,26	153,2	8,01	159,1

Aus dieser Tabelle geht hervor, daß der Gersten- und Haferbau den eigenen Bedarf des Landes mehr als genügend deckt.

Der Viehbestand zeigt teilweise einen von anderen Ländern abweichenden Charakter. Von 478 142 Haushaltungen waren 62,9% im Besitz von Hausvieh. Davon besaßen 23,8% nur Kühe, 0,7% nur Schafe, 1,5% nur Schweine und 0,1% nur Renntiere. Man sieht daraus, daß die Kuh das unbedingt bevorzugte Hausvieh in Finnland ist. Im Jahre 1901 betrug der Viehbestand 282194 ausgewachsene Pferde, 1 108352 Milchkühe, 980448 mehr als einjährige Schafe und 195170 mehr als halbjährige Schweine. Auf 100 ha Ackerland kamen 10 Pferde, 39 Kühe, 34 Schafe und 7 Schweine und auf 1000 Einwohner 132 Pferde, 511 Kühe, 452 Schafe und 90 Schweine. Die Schweinezucht ist noch wenig entwickelt und kommt eigentlich nur in der Provinz St. Michel und im Südwesten vor. Als durchschnittliche Milchproduktion der Kühe kann man bei normalen Verhältnissen im Jahre etwa 1500 kg annehmen, so daß die ganze jährliche Milchmenge auf rund 1750000000 kg geschätzt werden kann. Die erhöhte Bedeutung der Viehzucht für den Volkshaushalt geht u. a. daraus hervor, daß ihr wichtigstes Erzeugnis, die Butter, einen hervorragenden Platz auf dem Weltmarkt erlangt hat. Während die Butterausfuhr noch in den siebziger Jahren des 19. Jahrhunderts zwischen 4 und 5 Millionen kg jährlich schwankte, war sie 20 Jahre später auf 10 bis 14 Millionen kg in einem Wert von 18 bis 27 Millionen Mark gestiegen. 1906 wurden 15 Millionen kg in einem Wert von 38 Millionen Mark ausgeführt. Der größte Teil dieser Ausfuhr geht nach England. Der Lohn, den der Landwirt für seine Arbeit erhält, ist nicht groß. Landgüter mit hoher Kultur ergeben nach statistischen Berechnungen einen Bruttoertrag von 241 Mark und einen Reinertrag von 48 Mark auf den Hektar, was etwa 3,80% Einnahme vom Kapital entspricht. Die Ergebnisse, die die Landwirtschaft in Finnland gezeitigt hat, verdankt sie zum großen Teil privater Tatkraft und Unternehmungslust. Doch ist ihr auch von Seiten des Staates wesentliche Unterstützung zu Teil geworden. Für das Jahr 1909 erreichte die Summe, die der Staat unmittelbar für die Landwirtschaft ausgab, etwas über 5 Millionen Mark. Sie verteilte sich auf Unterrichtswesen, landwirtschaftliche Gesellschaften, Tierheilkunde, Fischzucht, Pferdezucht, Versuchsanstalten, Laboratorien usw. Außer der landwirtschaftlichen Zentralverwaltung besoldet der Staat über 200 festangestellte Beamte im Dienst der Landwirtschaft. Private Förderung erfährt die Landwirtschaft vor allem von Seiten einer großen Anzahl Gesellschaften und Vereinen, von denen die älteste die im Jahre 1797 gegründete „Finnische Haushaltungsgesellschaft" ist. Daneben wirken eine Menge anderer Privatvereine, wie die Meiereigesellschaft, der Moorkulturverein, der Aussaatverein, der Fischereiverein, der Waldpflegeverein „Tapio", die Genossenschaftsgesellschaft „Pellervo" und viele andere. Landwirtschaftliche Unterrichtsanstalten gibt es außer vier höheren Fachschulen im ganzen 125, an denen während des Schuljahres 1906—7 1300 Personen Unterricht genossen.

Forstwirtschaft. Schon von jeher brachte der Wald dem Bewohner Finnlands einen unmittelbaren Nutzen: er lieferte ihm nicht nur das Wild und das Bau- und Brennholz, sondern sogar die Dungmittel für seine Äcker in der Gestalt von Asche, die der Ackerbauer durch Abschwenden des Waldes erhielt. Lange Zeit war nämlich in Finnland der Anbau von Kornfrüchten nur dadurch möglich, daß man vom Walde unentgeltlich Asche zur Düngung des Bodens erhielt, indem man die Baumbestände fällte und die Stümpfe und Wurzeln verbrannte. Eine derartige Schwendewirtschaft wird in einzelnen entlegenen Teilen Finnlands noch heute betrieben. Eine rationelle Forstwirtschaft begann erst um die Mitte des verflossenen Jahrhunderts, als die in Aufschwung kommende Holzindustrie den Blick für die ungeheuren Werte öffnete, die in den Wäldern des Landes verborgen liegen. Die Regierung berief den Direktor der Forstakademie Tharandt in Sachsen E. von Berg als Sachverständigen nach Finnland, der verschiedene Teile des Landes bereiste und darauf die Errichtung einer geordneten Forstverwaltung vorschlug. Sein Entwurf liegt dem Gesetz von 1859 über die Verwaltung der Staatsforsten zu Grunde. In demselben Jahr wurde in Evois ein Forstinstitut zur Ausbildung von Forstbeamten gegründet und im Jahre 1863 schließlich eine oberste Forstbehörde errichtet, der die Verwaltung der Staatsforsten obliegt. Trotz dieser Maßregeln kann man noch nicht sagen, daß die Waldwirtschaft in Finnland in befriedigender Weise geordnet sei. Die Staatsforsten wurden freilich nicht nur geschont, sondern sogar in übermäßiger Weise gespart, aber die Privatwälder sind in durchaus ungenügender Weise vor Mißbrauch, Frevel und Verschleuderung geschützt. Unter Waldbränden haben die finnischen Forsten in einzelnen Jahren sehr stark gelitten. Im Jahre 1868 brannten 64501, 1883 54223 und 1894 sogar 67562 ha Wald ab. Der Gesamtumfang der Staatsforsten beträgt 12831495 ha, davon 5489090 ha oder 43,4 % trockener Waldboden. Die Reineinahmen aus den Staatsforsten stiegen: im Jahre 1880 auf 308786 Mark, 1890 auf 1384106 Mark, 1900 auf 3940311 Mark, 1910 auf 9249424 Mark, 1914 auf 12180959 Mark. Nach dem Staatsinventar von 1907 beträgt der Wert der Staatsforsten nebst dazu gehörigen angebauten Flächen 317,81 Millionen Mark. Die Anzahl Stämme, die in 1,3 m Höhe einen Mindestdurchmesser von 25 cm aufweisen, betrug 1910 121293302 und im Jahre 1915: 152276662. Der Gesamtwert der aus den Staatsforsten 1914 gelieferten Waldprodukte jeglicher Art stieg auf 14905755 Mark.

Die im Privatbesitz befindlichen Forsten umfassen im ganzen 11714365 ha, davon 9875471 ha trockener Waldboden.

Industrie. Eine zuverlässige Gewerbestatistik ist erst seit dem Jahre 1887 vorhanden. Aus dieser geht hervor, daß die Industrie des Landes seit jener Zeit in kräftiger Entwicklung gewesen ist: die Anzahl der Arbeitsstellen ist in den zwei Jahrzehnten 1887—1907 um 63%, die Anzahl Arbeiter um 195% und der Bruttowert der Produktion um 323% gestiegen. Im Jahre 1907 gab es 9165 Arbeitsstellen mit 127075 Arbeitern, deren Produktion einen Bruttowert von 480590000 Mark aufwies. Im einzelnen wird diese Entwicklung durch nachfolgende Tabelle näher gekennzeichnet. Die Spalte 1 gibt das Jahr, die Spalte 2 die durchschnittliche Anzahl Arbeiter auf jede Arbeitsstelle, die Spalte 3 den Bruttoproduktionswert in Mark, der auf jede Arbeitsstelle entfällt, Spalte 4 den Bruttoproduktionswert, der durchschnittlich auf jeden Industriearbeiter entfällt, Spalte 5 den Bruttoproduktionswert, der auf jede Person der Gesamtbevölkerung des Landes entfällt, und Spalte 6 das Prozentverhältnis der Industriearbeiter zur Gesamtbevölkerung des Landes.

1	2	3	4	5	6
1887	7,7	20,218	2635	51	1,9
1897	10,9	34,196	3145	99	3,1
1907	14,6	55,416	3793	175	4,6

Auch in der Verteilung der Industrie auf Stadt und Land haben sich die Verhältnisse allmählich verschoben. Im Jahre 1887 war die Anzahl Arbeitsstellen auf Stadt und Land gleich verteilt, nur der Bruttoproduktionswert war in den Städten ein wenig höher. Zwanzig Jahre später betrugen die Arbeitsstellen in den Städten 45,2%, auf dem Lande 54,8%, die Zahl der Arbeiter in den Städten 55%, auf dem Lande 45%, der Produktionswert in den Städten 61,2%, auf dem Lande 38,8%. Eine wieviel größere Rolle die Industrie in den Städten spielt, geht am deutlichsten daraus hervor, daß die städtische Bevölkerung nicht weniger als 16% Industriearbeiter aufweist gegen 2,2% der ländlichen Bevölkerung. — An der Spitze der Städte steht Helsingfors mit rund 20000 Arbeitern und einem Produktionswert von 87,3 Mill. Mark. An zweiter Stelle folgt Tammerfors mit mehr als 10000 Arbeitern und einem Produktionswert von 44 Mill. Mark. Zieht man aber in Betracht, daß Tammerfors eine bedeutend kleinere Stadt ist, daß mehrere seiner Fabriken einen ungeheuren Umfang haben (14380

PS gegen 5894 in Helsingfors) und daß die industrielle Tätigkeit hier auf einen ganz kleinen Flächenraum an den Stromschnellen zusammengedrängt ist, so erscheint Tammerfors unbedingt als der Hauptort der Großindustrie des Landes, was auch daraus hervorgeht, daß die industriellen Arbeiter 23,8 % der Stadtbevölkerung bilden (Helsingfors 14,5 %). Als eine besondere Eigentümlichkeit erscheint das Städtchen Jakobstad am Bottnischen Meerbusen (5500 Einwohner) mit seinen 46,4 % Industriearbeitern (die größte Tabakfabrik, eine Zuckerfabrik und mehrere Sägemühlen).

Für die Beurteilung der Entwicklung der industriellen Tätigkeit im Lande maßgebend ist auch die Größe der in der Fabrikindustrie zur Anwendung gekommenen mechanischen Triebkraft. Bis zur Mitte des 19. Jahrhunderts benutzte die finnische Industrie zu diesem Zweck ausschließlich Wasserkraft. Dann kam allmählich Dampfkraft in Gebrauch; im Jahre 1875 zählte diese insgesamt 5000 PS, die zur Verwendung gekommene Wasserkraft dagegen 24000 PS. Im Jahre 1908 gebrauchte die Industrie rund 90000 PS an Wasserkraft. Der Gebrauch von Dampfkraft ist von 9704 PS im Jahre 1887 auf 73,979 im Jahre 1908 gestiegen. Während dieser 22 Jahre hat sich die Anzahl der Dampfmaschinen verdreifacht, die Durchschnittszahl der auf jede Pferdekraft entfallenden Industriearbeiter ist aber auf ein Drittel gesunken, lauter Zeichen dafür, wie die Maschinenarbeit und die Großindustrie auf Kosten der Handarbeit und des Handwerks an Boden gewonnen haben. Die nachfolgende zusammenfassende Tabelle gibt ein übersichtliches Gesamtbild der finnischen Industrie für das Jahr 1907:

Industrie	Anzahl Arbeitsstellen	Anzahl Arbeiter	Bruttoproduktion Wert in Mill. Mk.	Bruttoproduktion in % v. Ges. Betr.	Anzahl Arb. a. j. Arb.-St.	Produkt.-wert auf jed. Arb. in Mk.
Nahr.- u. Genußmittel	2914	14034	102,52	21,3	4,8	7,305
Holzbearbeitung . . .	881	28492	102,20	21,3	32,3	3,587
Textilindustrie	89	13356	61,98	12,9	150,0	4,638
Metallindustrie . . .	1637	18542	57,04	11,9	11,1	3,077
Papierindustrie . . .	176	12580	50,31	10,5	71,5	3,999
Bauindustrie	529	12351	30,49	6,3	23,3	2,469
Lederindustrie	870	3507	19,47	4,1	4,0	5,637
Steinindustrie	339	11023	17,10	3,6	32,5	1,552
Bekleidungsindustrie .	1236	6297	14,70	3,1	5,1	2,335
Chemische Industrie .	249	3204	13,50	2,8	12,9	4,213
Graphische Industrie .	209	3689	10,98	2,2	17,7	2,982
Summe	9165	127075	480,59	100,0	13,9	3,782

Die Arbeitergesetzgebung ist in der Hauptsache in drei Gesetzen enthalten: dem Gewerbegesetz von 1879, dem Arbeiterschutzgesetz von 1889 und dem Haftpflichtgesetz für Arbeitgeber von 1895. Laut dem Arbeiterschutzgesetz dürfen Kinder unter 12 Jahren unter keiner Bedingung in Fabrik- oder Handarbeit angestellt werden. Kinder unter 15 Jahren dürfen nicht länger als 7 Stunden täglich (eine halbe Stunde Rast einberechnet) in Arbeit gehalten werden, und Kinder, die keine höhere Volksschule beendigt haben, müssen mindestens 12 Stunden wöchentlich regelmäßigen Schulunterricht erhalten. Für körperliche Schäden, die sich ein Arbeiter in der Arbeit zugezogen, ist der Arbeitgeber ersatzpflichtig, die durch Todesfall oder gänzliche Arbeitsunfähigkeit bedingte Entschädigung ist durch Versicherung sicherzustellen. Die Aufsicht über die gewissenhafte Durchführung des Arbeiterschutzgesetzes ist 7 Gewerbeinspektoren übertragen, darunter zwei weiblichen Geschlechts.

Die höhere technische Ausbildung erfolgt an der Technischen Hochschule zu Helsingfors, für deren Besuch eine Bescheinigung über abgelegte Reifeprüfung erforderlich ist. Für die niedere technische Ausbildung gibt es eine Menge Industrieschulen, Handwerksschulen verschiedener Art und Handarbeits(„slöjd")schulen. Sie wurden im Schuljahr 1911/12 von 6447 Schülern besucht, die von 535 Fachlehrern Unterricht erhielten. Der Staat unterstützte diese Schulen (1909) mit 1150000 Mark, die Gemeinden mit rund 200000 Mark.

Holzindustrie. Einen Rohstoff von unschätzbarem Wert besitzt Finnland in seinen unermeßlichen Wäldereien. Den ersten Platz in der gesamten Industrie Finnlands nimmt deshalb die Holzverarbeitungs- und Papierindustrie ein. Den größten Einfluß auf das Wirtschaftsleben hat die Sägeindustrie gehabt nicht nur dank dem hohen Wert ihrer Erzeugnisse, sondern auch dank der großen Anzahl der in ihr beschäftigten Arbeiter. Im Jahre 1907 waren 611 Sägemühlen im Betrieb, von denen 164 mit Wasserkraft, 444 mit Dampfkraft und 3 in anderer Weise betrieben wurden. Die versägten Waren bestehen hauptsächlich aus Brettern. Die Entwicklung der Sägeindustrie ist aus nebenstehender Tabelle ersichtlich:

Bezeichnend ist da die letzte Spalte, aus der hervorgeht, daß die Sägebesitzer mit den Jahren zu immer dünneren Stämmen greifen müssen, um ihre Sägemühlen ausnützen zu können. Unter den mit Holzverarbeitung beschäftigten Fabriken nehmen einen ganz besonders

Jahr	Produktionswert in Mill. M.	Versägte Holzwaren in 1000 cbm	Anzahl Millionen versägte Stämme	Anz. Stämme, die a. 1 Standard versägt. Ware gingen
1885	21,95	957	6,53	31,9
1895	40,67	1772	14,63	39,0
1900	79,54	2809	25,32	42,6
1907	101,37	3101	31,99	48,2

hervorragenden Raum ein die Zwirnrollenfabriken, die Finnland zum größten Ausfuhrland in der Welt in dieser Spezialität gemacht haben.

Papierindustrie. Papier aus Hadern ist schon seit dem 17. Jahrhundert in Finnland verfertigt worden, und zwei der größten noch bestehenden Papierfabriken des Landes haben schon ein ehrwürdiges Alter: die Papierfabrik von J. C. Frenckell & Sohn in Tammerfors ist 1783 gegründet und die Fabrik Tervakoski im Kirchspiel Janakkala im Jahre 1818. Um die Mitte des 19. Jahrhunderts, als der Vorrat an Hadern nicht mehr dem stetig steigenden Papierverbrauch entsprach, fand man in den Fasern des Tannenholzes einen billigen Ersatz für die Hadern. Sie werden gegenwärtig in Holzschleifereien oder in Cellulosefabriken hergestellt. Die nachfolgende Tabelle zeigt die Entwicklung der Papierindustrie seit 1885.

Jahr	Produktion in 100 kg	Wert der Produktion in Mill. M.	Davon wurden ausgeführt	
			in 1000 kg	Wert in Mill. M.
1885	33 042	8,61	14,244	7,84
1895	74 143	15,88	52,907	12,82
1907	311 697	45,37	173,860	42,53

Die Steinindustrie hat sich erklärlicherweise zu einer bedeutenden Höhe emporgearbeitet, da geeignetes Material im ganzen Lande in Hülle und Fülle zu Gebote steht. Die Steinindustrie in Finnland ist fast nur Granitindustrie. Ein außerordentlich harter und dauerhafter Granit von warmer roter Färbung wurde vor allem in Hangö von der Aktiengesellschaft Granit entdeckt, die ihn mit großem Erfolg für unzählige Denkmäler verarbeitet hat. Ebenfalls im südwestlichen Finnland sind einige rote Granite mit vollkommen gleichmäßiger roter Färbung gefunden worden, die auf dem englischen Steinmarkt unter dem Namen „Balmoral Red" einen großen Ruf genießen und im Zentrum der schottischen Granitindustrie Aberdeen höher geschätzt werden als alle anderen bisher verwandten Granite. Unter den grauen Graniten ist der unter dem Namen „Birkhall Grey" nach Schottland ausgeführte Granit, der bei Nystad an der Westküste Finnlands gebrochen wird, besonders als Rohmaterial für Denkmäler sehr gesucht.

Metallindustrie. An Metallen erzeugt Finnland gegenwärtig nur Eisen und in unbedeutenden Mengen Gold im Ufersande des in den Enare mündenden Ivalojoki. Die Eisenindustrie bezieht ihre Rohware nur zum geringeren Teile aus dem eigenen Lande, und zwar in Gestalt des auf dem Boden vieler Binnenseen vorhandenen Sumpferzes, das herausgeschaufelt, gereinigt und in Hochöfen veredelt wird. In dreißig Jahren wächst dann ein neuer Satz auf dem Boden des geplünderten Sees. Wichtiger ist die Einfuhr der rohen Erze aus Schweden, für deren Bearbeitung schon zu Ende des 17. Jahrhunderts eine Reihe von Hochöfen im südwestlichen Finnland tätig waren. Einen selbständigen Industriezweig bilden die mechanischen Werkstätten, von denen die bedeutendsten im Jahre 1909 unter dem Titel „Finnlands Metallindustriekontor" eine Vereinigung bildeten, um eine zweckmäßigere Arbeitsteilung und Spezialisierung zu erzielen.

Die Web- und Spinnereiindustrie wird seit Anfang des 19. Jahrhunderts fabrikmäßig betrieben. Sie beschränkt sich geographisch auf das südwestliche Finnland und gehört sowohl hinsichtlich des Produktionswertes wie der in ihr beschäftigten Arbeiterzahl zu den wichtigsten Industrien des Landes. Die Rohware besteht aus amerikanischer Baumwolle, die zollfrei ins Land eingeführt wird.

In der Nahrungs- und Genußmittelindustrie sind — abgesehen von den zahlreichen und teilweise als Großbetrieb geführten Mahlmühlen — vor allem die Zuckerfabriken, die Branntweinbrennereien, die Bierbrauereien und die Tabakfabriken von Bedeutung. Die erstgenannten erzeugten insgesamt von 19,97 Millionen kg (1899) bis 32,06 Millionen kg (1908) Zucker in einem Wert von 17,43 bis 30,62 Millionen Mark. Der Rohzucker wird seit 1899 aus Rußland eingeführt.

Bis 1865 durfte jeder Haushalt seinen Bedarf an Branntwein selber brennen. Dann aber wurde die Branntweinbrennerei zu einem strenger Aufsicht unterworfenen Fabrikgewerbe, dessen Produktion jedes Jahr genau begrenzt und einer immer schärferen Besteuerung unterworfen wurde. Die jährliche Produktion darf 11,225 Millionen Liter nicht übersteigen, erreicht aber auch diesen Betrag bei weitem nicht mehr (1907: 6,25 Millionen Liter), nachdem die Steuer allmählich auf 2,40 Mark für das Liter erhöht worden ist. Auch ist die Anzahl Brennereien von 70 im Jahre 1886 auf 22 im Jahre 1908 zurückgegangen. Das Rohmaterial besteht teils aus eingeführtem Mais, teils aus Roggen und Gerste. Kartoffeln werden in den Brennereien fast gar nicht verwandt. Die Einfuhr von Branntwein ist vollkommen untersagt. Die Anzahl der Bierbrauereien erreichte ihren Höhepunkt in den achtziger Jahren des 19. Jahrhunderts; seitdem hat sie geschwankt. Die Produktion stand im Jahre 1908 mit 29,57 Millionen Liter am höchsten, der Produktionswert stieg von 6,51 Millionen Mark im Jahre 1899 auf 8,55 Millionen Mark im Jahre 1904. Diese Industrie ist hoch besteuert (8 Mark für je 10 kg Malz); die Steuer ist außerdem stufenweise steigend, und der Mindestbetrag ist für jede Brauerei auf 10000 Mark festgesetzt. Sowohl für den Branntwein- wie für den Wein- und Bierverkauf gelten im Interesse der Mäßigkeit sehr strenge und einschränkende Vorschriften (S. 24).

Die Tabakindustrie ist alt; im 18. Jahrhundert wurde der Tabak sogar in eigenen Pflanzungen gebaut, und noch heute ist der Tabakbau im Innern des Landes zwischen dem 61. und dem 64. Breitengrad allgemein verbreitet. Im Jahre 1908 wurden 26 Fabriken gezählt, deren Produktionswert auf 22 Millionen Mark stieg. In den Fabriken wird ausschießlich ausländische Rohware verarbeitet, von der etwa $^2/_3$ aus Rußland stammen. Der Tabak ist verhältnismäßig gering besteuert und seine Bearbeitung nicht monopolisiert.

Sonstige Industrien. Kennzeichnend für die geistige Kultur des Landes ist die Anzahl Druckereien verschiedener Art. Die älteste Buchdruckerei wurde 1642 in Åbo errichtet. 1875 gab es 24 Druckereien im Lande, im Jahre 1908 war ihre Anzahl auf 119 gestiegen. Heute sind nur zwei der kleinsten finnischen Städte ohne Buchdruckereien. Seit 1834 gibt es auch Steindruckereien, deren Anzahl heute 14 mit einem Produktionswert von 1,83 Millionen Mark beträgt.

Handel. Die Wirkung der politischen Abhängigkeit Finnlands — erst von Schweden und dann von Rußland — hat sich mit in erster Linie auf dem Gebiet des auswärtigen Handels bemerkbar gemacht.

Bis zur Trennung von Schweden und auch noch eine Zeit lang nachher herrschten die Grundsätze des Merkantilismus mit dessen strengem Zollschutz. Allmählich machten sich freiere Anschauungen geltend, aber die gegenseitigen Handelsbeziehungen zwischen Finnland und Rußland wurden stets mit ausschließlicher Berücksichtigung der Vorteile Rußlands geregelt. Eine Handelsstatistik wird in Finnland allerdings seit 1812, wo eine Zolloberbehörde errichtet ward, geführt, doch sind einigermaßen zuverlässige und vollständige Angaben erst für die zweite Hälfte des Jahrhunderts vorhanden.[1])

Die Einfuhr betrug nach der amtlichen Statistik im Jahre 1856 38,92 Millionen Mark, die Ausfuhr 14,71 Millionen Mark. Im Jahre 1908 war die Einfuhr auf 363,5 Millionen Mark und die Ausfuhr auf 245,0 Millionen Mark gestiegen, im Jahre 1914 auf 380,2 und 285,2 Millionen Mark. Im Verhältnis zur Bevölkerung kamen 1856 auf jeden Einwohner 20,07 Mark Einfuhr und 8,70 Mark Ausfuhr. Im Jahre 1908 dagegen 121,42 Mark Einfuhr und 81,85 Mark Ausfuhr. Die Erhöhung des Verbrauchs und der Erzeugung, die nicht von der Vermehrung der Bevölkerung herrührt, sondern von ihrem wachsenden wirtschaftlichen Wohlstand, war also sehr bedeutend. Einen besonderen Aufschwung erlebte der auswärtige Handel, als die Winterschiffahrt dank der Verwendung von Eisbrechern seit dem Jahre 1890 ermöglicht wurde. Im allgemeinen aber machten sich die Schwankungen im wirtschaftlichen Leben des Auslandes naturgemäß auch im auswärtigen Handel Finnlands regelmäßig bemerkbar. Der Handelsabschluß Finnlands ist stets passiv gewesen, d. h. die Einfuhr hat stets, wenn auch unter bedeutenden Schwankungen, die Ausfuhr übertroffen. Am übersichtlichsten wird der Außenhandel, wenn man ihn gesondert mit Rücksicht auf die Länder, mit denen Finnland im Handelsverkehr steht, und mit Rücksicht auf die Warengattungen betrachtet.

1. Mit Rücksicht auf die Länder: Ein auszeichnender Zug für den auswärtigen Handel Finnlands war seit langer Zeit eine starke Konzentration auf eine geringe Anzahl Länder sowohl hinsichtlich

1) Als ein Kuriosum mag erwähnt werden, daß die Landgrenze gegen Rußland längs der Provinzen Kuopio und Uleåborg nicht unter Zollbewachung steht. Der Warenverkehr über diese Grenze (der freilich nicht bedeutend ist) steht also außerhalb aller Beobachtung und Berechnung.

der Einfuhr wie der Ausfuhr. Die vorherrschende Stellung im auswärtigen Handel Finnlands nahmen von jeher Deutschland, England und Rußland ein.

Unter den Einfuhrländern steht jetzt Deutschland an der Spitze. Während die Einfuhr aus Deutschland 1887 nur einen Wert von 28,42 Millionen Mark aufwies, war sie 1908 auf 146,01 Millionen Mark gestiegen. Gegenwärtig werden die meisten Waren, die überhaupt aus dem Auslande kommen, aus Deutschland eingeführt. Vor allem vermittelt Deutschland den Verkauf von Kolonialwaren und anderen transatlantischen Erzeugnissen nach Finnland. Außerdem lieferte Deutschland in der letzten Zeit vor dem Weltkriege einen wesentlichen Teil des Bedarfs an ausländischem Getreide, und die Erzeugnisse der vielseitigen deutschen Industrie haben in Finnland einen größeren Absatz gefunden als die irgendeines anderen Landes. Dagegen ist die Ausfuhr nach Deutschland verhältnismäßig unbedeutend. Sie ist auch bei weitem nicht so schnell gewachsen wie die Einfuhr. Während die letztere von 1887 bis 1908 um 414% gestiegen ist, weist die Ausfuhr für dieselbe Zeit nur eine Steigerung von 313% auf. Die Hauptausfuhrartikel Finnlands nach Deutschland sind Holzwaren, Erzeugnisse der Papierindustrie und landwirtschaftliche Produkte.

Eine eigenartige Stellung nahm Rußland im Handelsumsatz Finnlands ein. Zwischen Rußland und Finnland bestand allerdings von jeher eine Zollgrenze, aber an dieser Grenze galten nicht dieselben Zolltarife wie gegen andere Länder. Wie schon erwähnt, wurden bei den Tarifregelungen stets Rußlands Interessen an erster Stelle berücksichtigt. Von russischen Waren wurde in Finnland nur für Zucker und Tabak Zoll erhoben, aber auch diese Zollsätze waren niedriger, als die entsprechenden Sätze gegen andere Länder. Trotz dieser Zollvorteile ist Rußlands Warenumsatz mit Finnland, der 1868 nicht weniger als 54% des Gesamtumsatzes betrug, allmählich verhältnismäßig zurückgegangen. Im Jahre 1867 betrug er 43% des Gesamtumsatzes Finnlands, im Jahre 1908 dagegen nur 27%. Aus Rußland wurden nach Finnland in erster Linie eingeführt: Getreide, Gewebe und Petroleum; in den letzten Jahren außerdem so gut wie der ganze in Finnland verbrauchte Zucker.

Die Ausfuhr Finnlands hat sich von Rußland immer mehr nach dem mittleren und westlichen Europa und nach den transatlantischen

Ländern gewandt. Früher bildete die Ausfuhr nach Rußland einen bedeutenden Teil der Gesamtausfuhr des Landes und stieg 1867 auf 61%. Im Jahre 1887 erreichte sie nur 40% und im Jahre 1908 nicht volle 28%. Nach Rußland wurden vor allem Papier und Holzwaren ausgeführt.

Während die Einfuhr aus Rußland und Deutschland die Ausfuhr nach diesen Ländern übersteigt, verhält es sich mit England umgekehrt. Der Unterschied wird noch größer, wenn man in Betracht zieht, daß im Warenumsatz mit England auch der größte Teil der amerikanischen Einfuhr mit einbegriffen ist. Im Jahre 1887 betrug die Einfuhr aus England 14% der Gesamteinfuhr Finnlands, im Jahre 1908 dagegen 13%. Die Ausfuhr nach England dagegen ist in schnellem Wachsen begriffen gewesen: von 17% im Jahre 1887 stieg sie auf 33% im Jahre 1908. Aus England werden vor allem Mineralien (Steinkohlen und ähnliches), Metalle, Spinnstoffe (Baumwolle aus Amerika), Gewebe, Getreide (Amerika) eingeführt, nach England wiederum vor allem Holz, Papier, Cellulose und Butter ausgeführt.

Auch im Warenumsatz mit Schweden und Dänemark überwiegt die Einfuhr nach Finnland die Ausfuhr; die Länder, in deren Warenumsatz mit Finnland vor allem die Ausfuhr aus Finnland die Einfuhr überwiegt, sind Frankreich und Belgien.

2. Mit Rücksicht auf die Warengattungen: Die Einfuhr Finnlands umfaßt die verschiedenartigsten Waren. Einen hervorragenden Platz nimmt das Getreide ein, dessen Einfuhr anfangs nur unbedeutend die Ausfuhr überstieg (im Jahre 1881 war sogar die Ausfuhr größer als die Einfuhr), allmählich aber auf 26% der Gesamteinfuhr gestiegen ist. In den Jahren 1904 bis 1908 wurde jährlich für 81,26 Millionen Mark Getreide eingeführt. Unter den Kolonialwaren stehen Kaffee und Zucker an der Spitze. Von den wichtigsten Kolonialwaren wurden während der genannten Periode durchschnittlich jährlich eingeführt: Kaffee 12,31 Millionen kg, Zucker 36,84 Millionen kg, Tabak 4,29 Millionen kg, Salz 56,79 Millionen kg. Einen wichtigen Einfuhrartikel bilden auch die zur Spinn- nnd Webeindustrie gehörenden Waren: die jährlichen Durchschnittsmengen betrugen 1904—8 für Baumwolle 6,74 Millionen kg, Leinen 1,48 Millionen kg, Wolle 1,37 Millionen kg. An fertigen Baumwollengeweben wurden durchschnittlich 1,0 Millionen kg ein-

geführt. Unter den eingeführten Mineralerzeugnissen ist vor allem Zement zu erwähnen, dessen Einfuhr auf 42,835 Tonnen stieg. Als Brennmaterial dient vorläufig noch Holz; doch steigt die Einfuhr von Steinkohlen und Koks und betrug in der genannten Zeit durchschnittlich 272,198 Tons.

In der Ausfuhr stehen die Erzeugnisse der Holzindustrie an der Spitze, sie bilden allein mehr als die Hälfte des gesamten Ausfuhrwertes (54%). Unter dem unbearbeiteten Holz nimmt das Grubenholz (1269000 cbm) die erste Stelle ein, unter dem bearbeiteten die Zwirnrollen (6295000 kg) und Erzeugnisse der Sägemühlen (2712639 cbm). Zu der Ausfuhr von Holzprodukten können auch die Erzeugnisse der Papierindustrie gezählt werden, nämlich Holzmasse und Pappe, Cellulose und Papier, das aus Holzfasern hergestellt wird: Die Ausfuhr dieser Waren ist im steigenden Wachsen begriffen gewesen und betrug für die Jahre 1904—8 durchschnittlich: für geschliffene Holzmasse 12,34 Millionen kg, Cellulose 41,83 Millionen kg, Pappe 38,15 Millionen kg und Papier 63,57 Millionen kg. Die beiden Posten: Holz und Papier zusammen bildeten 1908 72% des Gesamtausfuhrwertes. Nach den Waldprodukten bilden die Erzeugnisse der Landwirtschaft den wichtigsten Ausfuhrartikel. An ihrer Spitze stehen Butter (durchschnittlich 13,59 Millionen kg) und Milch (5,23 Millionen kg). Ihr Wert betrug 1908 20% der gesamten Ausfuhr.

Wie in der Einfuhr gewisse vorherrschende Artikel (Getreide, Kolonialwaren, Gewebe, Metalle) etwa 60% der Gesamteinfuhr bilden, so ist die Ausfuhr auf eine noch geringere Anzahl von Warenarten beschränkt, indem die Hauptgruppe: Holz, Papier und landwirtschaftliche Produkte zusammen 85% der Gesamtausfuhr bildet.

Finnland hatte, wie erwähnt, bisher zwei Zolltarife: einen für das Ausland und einen für Rußland. Der für das Ausland (vom Jahre 1886) kann im allgemeinen als ein gemäßigter Schutztarif bezeichnet werden. Rohstoffe sind zollfrei oder mit geringem Zoll belegt; die Zölle für fertige Erzeugnisse sind höher, aber nur für eigentliche Luxusartikel fühlbar hoch. Lebensmittel sind zollfrei, nur einige große Verbrauchsgegenstände, wie Zucker, sind aus finanziellen Gründen (außer Rußland gegenüber) einem recht hohen Zoll unterworfen. Alkoholische Getränke sind hoch besteuert, die Einfuhr von Kornbranntwein seit 1811 vollständig verboten. Die Zolleinnahmen betrugen im Jahre 1909 im ganzen 49,12 Millionen Mark. Im Verhältnis zum Einfuhrwert betrug der Einfuhrzoll 129 %. Auf jeden Einwohner entfielen 16,2 Mark Zolleinnahmen. Der Wert der Einfuhr belief sich auf 120 Mark auf den Einwohner.

Schiffahrt. Die Handelsflotte zählte im Jahre 1908 an Segelschiffen 248000 ton, an Dampfern 70000 ton und beschäftigte rund 18000 Personen auf ihren Schiffen. Das Verhältnis zwischen Segel- und Dampfertonnage hat sich in der Weise verschoben, daß die Segeltonnage von 64 % in den Jahren 1867—69 auf 21 % in den Jahren 1906—08 fiel, die Dampfertonnage dagegen von 36 % auf 79 % stieg. Ein regelmäßiger Dampferverkehr (Güter und Personen) findet jetzt mit folgenden Ländern statt: mit Schweden täglich das ganze Jahr; mit Lübeck und Stettin einmal wöchentlich während der Schiffahrtszeit; mit Kopenhagen und England zweimal wöchentlich das ganze Jahr. Die größte Dampfergesellschaft ist die 1884 begründete „Finska Ångfartygs-aktiebolaget" (Finnische Dampferaktiengesellschaft), deren prachtvolle Luxusdampfer außerordentlich zur Hebung des Touristenverkehrs beigetragen haben. Um den ununterbrochenen Dampferverkehr auch im Winter zu ermöglichen, sind allmählich mehrere außerordentlich starke Eisbrecher angeschafft worden, die vor allem die Aufgabe haben, den Winterhafen Hangö stets offen zu halten. Der Ausbildung von Seeleuten dienen 6 vom Staat unterhaltene Schiffahrtsschulen und eine Seemannsschule. Daneben wurden eigens für die Ausbildung junger Seeleute besondere Schulschiffe gebaut, die mit ihren Besatzungen jahrelange Weltreisen unternehmen. Ein großes Verdienst um den Verkehr im Inlande wie mit dem Auslande hat sich der „Finnische Touristenverein" (Helsingfors, Nördl. Esplanadstr. 31) erworben, der nicht nur eine reichhaltige Literatur über Finnland als Touristenland veröffentlicht, sondern auch durch Errichtung von Touristenherbergen, Organisation verschiedener Verkehrslinien (z. B. der Bootfahrten durch die Stromschnellen des Ule u. a.) und eine Menge anderer praktischer Anordnungen viel dazu beigetragen hat, Finnland als Touristengebiet zu erschließen und dem Auslande nahe zu bringen.

Verkehr. Landstraßen. Gegenwärtig berechnet man die Länge des Landstraßennetzes im Lande auf rund 28000 km öffentliche Landstraßen und 17000 km Dorfstraßen. Die Anlagekosten der öffentlichen Landstraßen werden auf rund 6000 Mark für den Kilometer berechnet; das gesamte Straßennetz des Landes besitzt einen Kapitalwert von mehr als 220 Millionen Mark. Die Unterhaltungskosten steigen auf rund 4 Millionen Mark im Jahr. Längs der Landstraßen vollzieht sich der Personenverkehr vermittels der sog. Personenpost (schwed. „Skjuts"), die nach amtlich festgestellter Gebührenordnung ebenfalls den Grundeigentümern obliegt, aber seit 1883 in Verding abgegeben wird. Im Jahre 1913 gab es 1114 Poststationen mit 2026 Postpferden. Die durchschnittliche Entfernung zwischen den einzelnen Poststationen beträgt 12 km.

Die Wasserstraßen sind naturgemäß von jeher in Finnland als Verkehrsmittel von großer Bedeutung gewesen. Für eine ununterbrochene Verbindung der Binnenseen untereinander und mit dem Meere mußten aber künstliche Wasserwege geschaffen werden. Finnland besitzt eine ganze Reihe von Kanälen, welche die einzelnen Seensysteme untereinander verbinden. Der bedeutendste unter diesen Bauten ist der in den Jahren 1848 bis 1856 mit einem Kostenaufwand von 12,39 Millionen Mark erbaute Saima-Kanal, der die Saimagewässer mit dem Finnischen Meerbusen verbindet; die Höhendifferenz von 76 m wird durch 28 Schleusen überwunden. Der Schiffsverkehr durch diesen Kanal ist sehr bedeutend. Schon im ersten Jahrzehnt wurde er durchschnittlich von 2 bis 3000 Fahrzeugen jährlich befahren. Gegenwärtig ist die Anzahl auf rund 10000 im Jahr gestiegen. Die Länge sämtlicher innerhalb des Saimaseengebietes durchgeführten Kanalisierungsarbeiten und Wasserstraßen übersteigt 2000 km. Das der Größe nach zweite Binnenseensystem Finnlands, das Osttavastländische, mit dem See Päijänne als Hauptbecken, ist durch Wasserwege von mehr als 600 km Länge dem Verkehr zugänglich gemacht. Das dritte Wassersystem, das Westtavastländische, das nach dem See Vanajavesi benannt wird, verfügt über 730 km fahrbare Wasserstraßen. In der vierten Hauptgruppe, den Österbottnischen Gewässern, schätzt man die Länge der Wasserstraßen auf 250 km und die der fahrbar gemachten Bootlinien auf mehr als 1900 km. Im Jahre 1913 wurden sämtliche Kanäle in Finnland von 53340 Fahrzeugen befahren und warfen einen Reingewinn von mehr als 200000 Mark ab.

Eisenbahnen. Im Jahre 1913 betrug die Gesamtlänge der Staatsbahnen 3560 km, der Privatbahnen 349 km. Das in den Staatsbahnen angelegte Kapital steigt auf rund 400 Millionen Mark.

Die Verzinsung ist sehr gering infolge der außerordentlich langen Strecken durch dünn bevölkerte Gegenden mit dementsprechendem geringfügigem Verkehr. Vergleicht man die Länge der Eisenbahnen mit der Bevölkerungszahl, so steht Finnland auf derselben Höhe wie Frankreich, England und Belgien (10 km Eisenbahn auf 10000 Einwohner). Aber hinsichtlich der Ausrüstung, Geschwindigkeit und ähnlichem stehen die finnischen Bahnen sogar den Sekundärbahnen in den großen Kulturländern nach.

Der Gesamtwert der durch Menschenarbeit geschaffenen Verkehrslinien in Finnland kann gegenwärtig folgendermaßen geschätzt werden:

Landstraßen	220 Mill. Mk.
Wasserstraßen (vor allem Kanäle)	28 „ „
Staatseisenbahnen	400 „ „
Im ganzen	648 Mill. Mk.

Post. Erst seit Ende der achtziger Jahre ist das finnische Postwesen in modernem Sinne ausgestaltet worden, so daß es allen Anforderungen der Neuzeit entspricht. Im Jahre 1890 erzwang die russische Regierung aus nationalistischen Gründen die Vereinigung des finnischen Postwesens mit dem russischen, eine Maßregel, die, da sie doch nur zum Teil durchgeführt werden konnte, nur erhöhte Schwierigkeiten, Verlangsamung und Unordnung im Briefverkehr zur Folge hatte. Damals besaß Rußland 1 Postanstalt auf 3751 qkm und 18000 Einwohner, während die entsprechenden Zahlen für Finnland 950 qkm und 6000 Einwohner betrugen. Im Jahre 1906 kam in Finnland durchschnittlich 1 Postanstalt auf 240 qkm und 1923 Einwohner. Die Entwicklung des Postwesens mögen folgende Zusammenstellungen für die Jahre 1890, 1900 und 1909 veranschaulichen:

	1890	1900	1909
Postanstalten	421	1001	1985
Briefkästen	872	2050	4137
Länge der Postlinien in km	21310	37534	61670
Länge der Landbriefträgerlinien in km	827	8931	28735
Anzahl Postsendungen in Millionen	18,2	44,9	106,2
Davon kamen auf jeden Einwohner	7,8	16,6	35,3
Bruttoeinnahmen der Post in Millionen	1,6	3,3	6,5

Geldwesen. Das Münzwesen. Die Zustände im Geldwesen waren während der ersten Jahrzehnte nach der Trennung von Schweden äußerst verwickelt, ja geradezu verworren, da russisches Geld als Landesmünze eingeführt wurde, aber nicht im Stande war, das schwedische Geld aus dem Verkehr zu verdrängen. Durch die sogenannte „Münzrealisation" von 1840 wurde das schwedische Papiergeld zu einem für das Publikum vorteilhaften Kurse in Silberrubel eingewechselt und dann in Schweden gegen Metall oder Auslandwechsel eingetauscht. Doch wurde die Stabilität im Werte des Tauschmittels hierdurch nur unvollständig erreicht. Dies geschah erst 1865, nachdem fünf Jahre vorher Finnland seine eigene Münzeinheit, die „Mark" (= 100 „Penni"), erhalten und metallische Münze für das einzige gesetzliche Zahlungsmittel erklärt worden war. Seit dieser „Münzreform" von 1865 ist Finnland im Besitz eines geordneten Münzsystems gewesen. Eine endgültige Sicherheit erzielte endlich das noch heute geltende Münzgesetz von 1877, laut welchem auf Gold als Wertmesser begründete metallische Münze das einzige gesetzliche Zahlungsmittel ist. Zugleich wurde die Rechnungseinheit, die Mark, zu demselben Gewicht feinen Goldes festgesetzt, das vom französischen Münzsystem angenommen worden war. Die Silbermünzen sind nunmehr bloß Scheidemünzen. In Gold werden Zehn- und Zwanzigmarkstücke geprägt, in Silber Zwei- und Einmark- und 50- und 25-Pennistücke und in Kupfer 10-, 5- und 1-Pennistücke. Papiergeld wird in Banknoten zu 1000, 500, 100, 50, 20, 10 und 5 Mark gedruckt (von den im Weltkriege eingeführten Scheinen wird hier abgesehen). Seit 1884 wird das Metallgeld in der finnischen Staatsmünze in Helsingfors geprägt.

Das Bankwesen. Das erste Reglement der finnischen Staatsbank, die ursprünglich „Wechsel-, Leih- und Depositionskontor in Finnland" hieß, ist vom Jahre 1811. Zum Programme der Bank gehörte auch die Zettelemission, die jedoch nur in geringem Umfange stattfand, da die Scheine nur auf ganz kleine Beträge lauteten. Ihre gegenwärtige Gestaltung erhielt Finnlands Bank im Jahre 1868, wo sie den „Ständen", d. h. dem Landtage, übergeben wurde, der die Bank unter seine Garantie und Obhut nahm. Die Oberaufsicht über die Bank wird von den Bankbevollmächtigten des Landtages gehandhabt. Die Direktion der Bank wird von der Regierung ernannt. Den Gewinn der Bank weist der Landtag teils zur Verstärkung der Bank, teils zu Budgetzwecken an. Depositionen gegen Zinsvergütung nimmt die Staatsbank nicht entgegen. Seit 1886 hat die Staatsbank das alleinige Recht der Zettelemission. Die Summe der in Umlauf gebrachten Banknoten darf um 40 (ausnahmsweise 50) Millionen Mark den Betrag der metallischen Deckung und der ausländischen Valuten übersteigen.

Im Umlauf befindliches Geld in Millionen Mark:

	1908	1909	1910	1911	1912	1913	1914
Papiergeld	86,0	111,6	124,0	115,2	117,5	113,0	141,7
Geld	14,8	15,1	18,8	19,5	32,2	33,0	35,8
Silber	10,9	10,8	11,1	11,5	11,9	12,0	12,9
Kupfer	2,0	1,9	2,0	2,1	2,2	2,3	2,3
Im ganzen:	113,7	139,6	155,9	148,3	163,8	160,3	192,7
Davon entfielen auf jeden Einwohner Mark:	37,60	45,45	50,04	47,02	51,24	49,63	58,97

Seit 1862 gibt es in Finnland auch Privatbanken; die älteste und größte ist „Föreningsbanken i Finland". Folgende Tabelle gibt eine Übersicht für die Jahre 1900, 1907 und 1914.

Privatbanken:

Jahr	Anzahl	Aktienkapit.	Res.-Fonds	Deposition.	Gewinn
1900	9	33 300 000	17 352 781	284 186 236	5 675 832
1907	10	54 800 000	38 975 672	439 230 939	11 077 539
1914	13	99 350 000	71 024 450	591 442 090	18 206 908

Unter sonstigen Kreditanstalten von Bedeutung sind zu erwähnen: Finnlands Hypothekenverein (1860 gegründet), die Finnische Stadthypothekenkasse (1895 gegründet) und einige andere mit rund 8 Millionen Reserven und $1^1/_2$ Millionen Mark Gewinn im Jahre 1914.

Sparkassen. Die erste Sparkasse wurde im Jahre 1822 in Åbo begründet, es dauerte jedoch sehr lange, ehe die Bevölkerung den Nutzen dieser Anstalten voll einzusehen begann. Die Entwickelung veranschaulicht nachfolgende Tabelle (Seite 75 oben).

Da das Privatsparkassenwesen in Finnland kräftig entwickelt ist, blieb die Entwicklung der 1886 gegründeten Postsparkasse im Verhältnis zu den Postsparkassen anderer Länder ziemlich zurück.

Auf dem Gebiet des Versicherungswesens arbeiteten im Jahre 1914 in Finnland folgende Anzahl Gesellschaften: Lebensversicherung: 5

Jahr	Anzahl Sparkassen	Anzahl Sparkassenbücher	Guthaben der Einleger in Mill. Mark
		A. Sparkassen:	
1830	2	—	0,152
1850	11	—	1,954
1880	107	36470	14,445
1900	193	141081	77,616
1913	404	348606	301,520
		B. Postsparkassen:	
1890	274	22,532	1,3
1914	954	67,524	6,9

(ausländische 19), Unfall: 4 (5), Feuer: 4 (8), Transport: 5 (8), Glas: 3 (2), Vieh: 4, Einbruch: 4, Renten: 6, Garantie: 1, Streik: 1 und Waldbrand: 1.

Genossenschaftswesen. Das Genossenschaftswesen entstand in Finnland im Frühling 1899, wo unter der Benennung „Pellervo.Gesellschaft zur Förderung des Genossenschaftswesens unter der Landbevölkerung Finnlands" ein Unternehmen gegründet wurde, das zum Mittelpunkt des gesamten Genossenschaftswesens in Finnland wurde und dessen weitere Entwicklung bestimmte. Die genossenschaftliche Bewegung ist nämlich in Finnland nicht wie anderswo aus verstreuten genossenschaftlichen Unternehmungen hervorgegangen, die aus eigenem Antrieb in den breiten Schichten des Volkes entstanden waren, sondern diese wurden nach einem im voraus entworfenen Plan eben von jener Gesellschaft als der Zentralstelle der ganzen Organisation ins Leben gerufen und dann weiter ausgestaltet. Die erste Tätigkeit der „Pellervo" war, da es zunächst nicht nur an einem die genossenschaftliche Tätigkeit regelnden Gesetz, sondern auch an jeglichen Hilfsmitteln für die Organisation (Handbüchern u. dgl.) mangelte, darauf gerichtet, das Volk über die Aufgaben und die Bedeutung des Genossenschaftswesens aufzuklären. Zu diesem Zweck wurden Landwirtvereine gegründet, die einen solchen Anklang fanden, daß ihre Anzahl innerhalb der ersten vier Jahre auf 347 stieg und der Wert der gemeinsamen Einkäufe ein paar Millionen Mark jährlich betrug. Schon 1901 gelang es, die Genossenschaftstätigkeit durch ein besonderes Gesetz zu regeln. Die wichtigsten Arten von genossenschaftlicher Tätigkeit sind Konsumvereine, Molkereigenossenschaften, Kreditgenossenschaften und gemeinsame Einkäufe von landwirtschaftlichen Bedarfsartikeln. In den

Molkereigenossenschaften richtet sich der Preis, den jedes Mitglied für die von ihm gelieferte Milch von der Genossenschaft erhält, nach dem Fettgehalt der Milch. Es liegt also im Interesse des einzelnen Mitgliedes, möglichst vollwertige Milch zu liefern, und die Folge dieses Ansporns ist wiederum, daß die Genossenschaft umso höhere Preise an die Mitglieder zahlen kann, je mehr und je bessere Milch sie von ihnen erhält. Die Kreditgenossenschaften bewilligen den Mitgliedern kleine, kurzfristige Darlehen, deren Zweck und Anwendung genau geprüft und überwacht wird. Die Einkaufsgesellschaft endlich ist ein von Verbrauchern von Lebensmitteln gegründeter Handelsbetrieb, der gewöhnlich auch mit offenem Laden verbunden ist. Als Mindestzahl der Mitglieder, deren eine Einkaufsgesellschaft bedarf, um mit Erfolg arbeiten zu können, gelten in Finnland 150 bis 200. Der Verkauf erfolgt nur gegen bar und nicht unter den im Handel vorkommenden Preisen. Die Dividende darf 6 % nicht übersteigen. Vom Reingewinn muß ein Teil, wenigstens $2\frac{1}{2}$ bis 5 % für gemeinnützliche Zwecke angewiesen werden. Auch an Nichtmitglieder werden Waren verkauft, und zwar mit Recht auf Gewinnanteil; doch wird dieser Gewinnanteil nicht in bar ausgezahlt, sondern darf nur als Eintrittsabgabe in die Genossenschaft verwandt werden. Die Mitglieder der Genossenschaft haften mit ihrem Vermögen persönlich für die Verpflichtungen der Genossenschaft, doch in den meisten Fällen nur für einen begrenzten, vorher bestimmten Betrag; nur in den Genossenschaftskassen ist die Haftpflicht unbeschränkt. In der nachfolgenden Tabelle sind nur die nach vorgeschriebener Anmeldung im Handelsregister eingetragenen Genossenschaften mitgezählt.

Jahr	Genossenschaften	Anzahl der Mitglieder	Gesamtumsatz in Mill. Mark
1901	1	—	—
1902	51	—	—
1903	194	—	—
1904	394	19500	11,84
1905	596	35000	19,77
1906	871	56000	29,65
1907	1267	89400	49,25
1908	1605	135600	70,80
1909	1816	180100	99,10

Die Verteilung der Genossenschaften auf Stadt und Land entspricht ungefähr der Verteilung der Bevölkerung: auf die Städte entfallen 13%, auf das Land 87% aller Genossenschaften.

Alle hier aufgezählten Hauptzweige der genossenschaftlichen Tätigkeit haben eigene Zentralgenossenschaften gebildet, von denen viele in ihrer Branche ohne Zweifel zu den größten des Landes gehören. Die Zentralgenossenschaften haben, in Gemeinschaft mit Pellervo, eine Menge Maßregeln getroffen und Anstalten gegründet, die auf die Hebung der Genossenschaftsbewegung hinzielen. So haben sie u. a. von 1909 an zur Erziehung von Leitern und Angestellten für genossenschaftliche Geschäfte ein besonderes Genossenschaftsinstitut unterhalten und eine für die Funktionäre der Genossenschaften bestimmte Zeitschrift „Finnische Genossenschaftspresse" herausgegeben.

Die Genossenschaftsbewegung hat, wie in anderen Ländern, auch in Finnland neben der wirtschaftlichen auch eine große moralische und kulturelle Bedeutung gehabt. Die Genossenschaften haben ihre Kunden an Barzahlung gewöhnt, die Kreditgenossenschaften an pünktliche Erfüllung eingegangener Verpflichtungen, die Molkereigenossenschaften an Redlichkeit und Sparsamkeit.

V. Geistige Kultur.

Unterrichtswesen. Um die Mitte des 16. Jahrhunderts wurden die ersten Bücher in finnischer Sprache gedruckt, und damit begannen auch die Bemühungen, dem Volk die Kunst des Lesens beizubringen. Das eine, wie das andere war ein Werk der Reformation, und die protestantische Geistlichkeit war es, der zuerst die Aufgabe des Volksunterrichts zufiel. Da zunächst nur Bücher religiösen Inhalts gedruckt wurden, hatte der Leseunterricht auch nur den Zweck, die Möglichkeit zu bieten, sich selbst mit Katechismus, Gesangbuch und Bibel vertraut zu machen. Vor allem sollte die Familie mithelfen, und die Eltern wurden immer wieder daran erinnert, wenn sie selber des Lesens kundig waren, die Kinder im Lesen zu unterrichten; Versäumnis in dieser Pflicht wurde sogar mit Geldbuße bestraft. Das Kirchengesetz von 1686 verbot das Abendmahl demjenigen, der nicht imstande war, die Hauptstücke der christlichen Lehre wiederzugeben, und eine kirchliche Verlobung bewilligte es nur dem, der Luthers Katechismus kannte und das Abendmahl begangen hatte. Außer anspruchslosen Wanderschulen (schwedisch „Sockenskolor") gab es keine Unterrichtsanstalten für das

Volk. Daneben waren seit 1726 kirchliche Prüfungen vorgeschrieben, die sogenannten „Haus-“ oder „Leseverhöre“, durch welche die Geistlichkeit sich über die religiösen Kenntnisse und die Lesefähigkeit der jüngeren Gemeindemitglieder vergewisserte. Dies ist auch heute noch der Stand des Volksunterrichts in Finnland, soweit es sich um obligatorischen Unterricht handelt. Nach den letzten amtlichen Angaben vom 1. Mai 1906 befanden sich unter 494079 Kindern im Alter von 7 bis 15 Jahren in den evangelisch-lutherischen Gemeinden 9651 Kinder, die jeglichen Unterrichts ermangelten, sei es infolge von Naturfehlern oder anderen Ursachen. Von diesen Kindern waren jedoch 5397 noch unter 9 Jahren. In den griechisch-orthodoxen Gemeinden waren von 9168 Kindern in dem erwähntem Alter 2694 ohne allen Unterricht. In den ambulatorischen Schulen wurden in jenem Jahr 182422 Kinder unterrichtet, in den festen Kleinkinderschulen 15149.

Die Volksschule. Der oben geschilderte kirchliche und Hausunterricht bildet die Grundlage des Volksunterrichts im modernen Sinne, wie er gegenwärtig in Finnland durchgeführt ist. Wie auf den meisten anderen kulturellen Gebieten wurde der Regierungsantritt Alexanders II. auch auf dem der Volksschule von epochemachender Bedeutung. In der denkwürdigen Senatsitzung vom 24. März 1856 nannte er als eine der fünf großen von ihm angekündeten Reformen die Neugestaltung des Volksunterrichts, die durch eine Verordnung von 1858 ihre erste Grundlage erhielt. Das Hauptverdienst, diese Reformen angeregt und durchgeführt zu haben, gebührt dem genialen Schulmann Uno Cygnaeus, dem „Vater der finnischen Volksschule“. Im Jahre 1866 erschien das erste Gesetz über die Volksschulen und einige Jahre vorher war bereits das erste Volksschullehrerseminar in Jyväskylä eröffnet worden, dem bald andere folgten, so daß der Weiteraufbau der Volksschule durch einen genügenden Stamm pädagogisch ausgebildeter Lehrer gesichert war. Ein Zwang ist bis auf die jüngste Zeit weder in bezug auf die Errichtung von Volksschulen noch auf den Besuch derselben ausgeübt worden.

Die Entwicklung des Volksschulwesens auf dem Lande veranschaulichen folgende Zahlen: es gab ländliche Volksschulen 1877 bis 1878: 357; 1887—88: 755; 1897—98: 1510; 1907—08: 2663. Von diesen letztgenannten hatten 2279 Finnisch, 374 Schwedisch und 10 beide Landessprachen als Unterrichsspráche. Das etatmäßig angestellte Lehrerpersonal bestand:

1877—78 aus 211 Lehrern und 152 Lehrerinnen, zusammen 363
1907—08 „ 1681 „ „ 1516 „ , „ 3197.

Außerdem waren 1981 Personen als Hilfslehrer tätig. Die Schüleranzahl in den ländlichen Volksschulen betrug:

1877—78 7824 Knaben und 5623 Mädchen, zusammen 13447
1907—08 58989 „ „ 53373 „ , „ 112362.

Im Herbst werden $1^1/_2$ bis 2 Monate lang Kleinkinderschulen (unter 9 Jahren) abgehalten; im Schuljahr 1907—08 in 1583 Volksschulen mit 38479 Kindern.

Bis um die Jahrhundertwende besuchten nur 51% sämtlicher Kinder im Schulalter die Volksschule. Eine Verordnung von 1898 schreibt jedoch vor, daß binnen drei Jahren sämtliche ländliche Gemeinden ihr Gebiet in solche Bezirke eingeteilt haben müssen, daß nirgends eine Volksschule in größerer Entfernung als 5 km zu erreichen ist. Dies ist der erste Schritt zum Schulzwang. Welchen Erfolg er bisher gehabt hat, läßt sich noch nicht übersehen, da die darauf folgende Periode der Russifizierungswirren auch auf dem Gebiet der Volksschule nicht ohne unheilvolle Wirkungen verblieb.

In den Städten ist der Schulzwang, wenn auch nicht durch ausdrückliches Gesetz, so doch tatsächlich so gut wie durchgeführt. Im Schuljahr 1907—08 wurden in den städtischen Volksschulen 34628 Kinder (17063 Knaben und 17565 Mädchen) von 307 Lehrern und 843 Lehrerinnen unterrichtet.

Für die Ausbildung von Volksschullehrern und Lehrerinnen bestehen 7 Seminare, die 1907—08 von 546 Schülern und 586 Schülerinnen besucht wurden.

Der Staat trägt mit $8^1/_2$ Millionen Mark jährlich zum Unterhalt der Volksschulen bei.

Seit ein paar Jahrzehnten besitzt Finnland nach dänischem Muster auch Volkshochschulen, die zugleich einen ideellen und praktischen Zweck verfolgen; sie sollen einerseits das Interesse für allgemeine und ideelle Fragen wecken und anderseits in den sogenannten „Landmann- und Hausfrauenabteilungen" die Jugend in die praktischen Arbeiten des Landwirts einführen. 1910 waren 41 derartige Schulen in Tätigkeit, die Schülerzahl betrug rund 1500.

Die höheren Schulen. Nachdem im Jahre 1843 die erste Schulordnung erschienen war, stieg die Anzahl höherer Schulen rasch; im

Schuljahr 1859—60 gab es 61 vom Staat unterhaltene Schulen (darunter 8 Töchterschulen) und 23 Privatschulen (darunter 17 Mädchenschulen). Bis zum Jahre 1858 war in sämtlichen höheren Schulen Schwedisch die einzige Unterrichtssprache. Einen neuen Aufschwung nahm das höhere Schulwesen seit dem Jahre 1870, wo eine besondere Oberschulbehörde errichtet wurde. Eine besonders schnelle Entwicklung zeigten die Privatanstalten und unter ihnen vor allem die sogenannten „Samskolor" (finnisch „Yhteiskoulu"), gemischte Schulen, in denen Knaben und Mädchen bis zum Abiturium gemeinsamen Unterricht erhalten. Die ersten Schulen dieser Art wurden in den achtziger Jahren nach amerikanischem Muster gegründet. Seit jener Zeit haben sie einen solchen Aufschwung genommen, daß sie dem ganzen Schulwesen des Landes ein besonderes Gepräge verleihen. Gegenwärtig werden nicht weniger als 23 finnische und 13 schwedische private gemischte Schulen mit etwa 8000 Schülern im Lande unterhalten. Die Vereinigung von männlichen und weiblichen Schülern in derselben Lehranstalt hat eine Ersparnis an Geldern und Lehrkräften ermöglicht. Die gemeinsame Erziehung der beiden Geschlechter hat sowohl in pädagogischer wie in moralischer Beziehung so vorteilhaft gewirkt, daß man mit den Ergebnissen dieser Methode ohne Ausnahme zufrieden sein kann. Da sämtliche gemischten Schulen mit dem Recht des Abituriums ausgestattet sind, ist die Folge gewesen, daß Finnlands einzige Universität in Helsingfors eine größere Anzahl weiblicher Studierender aufweist als irgendeine andere in Europa. Auch ist der Zudrang zur Universität in Finnland im allgemeinen außergewöhnlich stark gewesen. An der Hochschule sind über 3000 Studenten immatrikuliert, davon über 700 Studentinnen, die sich auf alle Fakultäten verteilen. Die meisten Frauen gehören zur historisch-philologischen Sektion, wählen also als ihr künftiges Arbeitsfeld die pädagogische Laufbahn.

An der Universität lesen 55 ordentliche Professoren, 30 außerordentliche Professoren, 29 Adjunkten, Lektoren u. ä. und 73 Dozenten. Das eigene Vermögen der Universität beträgt 11 700 000 Mark. Es werden jährlich rund 250 000 Mark Stipendien und Reiseunterstützungen an Studenten verteilt. Den gegenwärtigen Stand des höheren Schulwesens veranschaulicht nachstehende Tabelle:

Höhere Schulen (Lyzeen, Töchterschulen, Fortbildungsschulen und fünfklassige gemischte Schulen) 1908.

	Anzahl der Schulen	Anzahl d. Lehrer u. Lehrerinnen	Anzahl d. Schüler u. Schülerinnen	Staatsausg. in Tausend Mark
Staatsschulen mit finnischer Unterrichtssprache	35	545	7488	2389
Staatsschulen mit schwedischer Unterrichtssprache	16	247	3262	1134
Von Gemeinden und Privaten unterhaltene Schulen (finnisch)	58	643	8890	927
Von Gemeinden und Privaten unterhaltene Schulen (schwedisch)	27	417	3488	399
	136	1852	23128	4849

Hochschulen 1910.

	Lehrer	Studierende männl.	Studierende weibl.	Zusammen
Universität	187	2335	708	3043
Technische Hochschule . .	59	392		392
	246	2727	708	3435

Hand in Hand mit der Universität wirken wissenschaftliche und gelehrte Gesellschaften. Unter diesen seien erwähnt: die Finnische wissenschaftliche Sozietät, in deren Veröffentlichungen die Resultate der wissenschaftlichen Arbeit zuerst ans Licht der Öffentlichkeit treten; die „Societas pro Flora et Fauna Fennica“, die Finnische und die Schwedische Literaturgesellschaft, von denen die erstgenannte sich vor allem mit finnischer Sprachforschung und Mythologie beschäftigt, die letztgenannte mit schwedischer Kulturgeschichte in Finnland. Eine besondere Erwähnung unter den gelehrten Gesellschaften Finnlands verdient die Gesellschaft für Finnlands Geographie, deren im Jahre 1911 in neuer Auflage erschienener „Atlas von Finnland“ die ungeteilte Anerkennung, ja Bewunderung der ganzen gelehrten Welt errungen hat.

Die schwedische Dichtung Finnlands. Als Finnland im Jahre 1809 sein eigenes Leben als autonomer Staat begann, hatte es eine nationale Dichtung im eigentlichen Sinne kaum aufzuweisen, trotzdem es zwei Sprachen sein eigen nannte: Finnisch, die Sprache der großen Masse des Volkes, und Schwedisch, die Sprache der Gebildeten. Das Finnische führte als geistiges Verkehrsmittel ein kümmerliches, stiefmütterlich behandeltes Dasein. Und auch in schwedischer Sprache konnte von einer eigenen Dichtung in dieser entlegenen Provinz des schwedischen Reiches kaum die Rede sein. Nun aber, nach der Trennung Finnlands vom Mutterlande, begann man mit dem aufwachenden Nationalbewußtsein in den Kreisen der schwedisch sprechenden Gebildeten auch der Bedeutung und Aufgabe einer nationalen Literatur inne zu werden. „Wir sind keine Schweden mehr," sagt ein damaliger Schriftsteller, „wir können keine Russen werden, wir müssen Finnländer sein". Und bald erklang die Liebe zur finnischen Heimat und dem finnischen Volke auch bewußt und ausdrücklich in der schwedischsprachlichen Poesie Finnlands. Die kräftigste Anregung und Förderung fanden diese neuen vaterländischen Empfindungen durch eine Reihe junger Schriftsteller, die in Broschüren und Zeitschriften die Anschauung verfochten, daß die Schwedisch sprechende gebildete Klasse nun darauf bedacht sein sollte, den Anschluß an das finnische Volk zu finden, indem sie sich mit liebevollem Verständnis mit dessen Sitten, Liedern und Märchen, vor allem aber dessen Sprache vertraut machte. Neben diesen Männern hatte sich ein Kreis von hochbegabten Jüngern der Wissenschaft an der Hochschule zu Åbo in schöngeistigem Verkehr zusammengefunden. Aber erst als sie, nach dem verheerenden Brande der Stadt Åbo, dem auch die Hochschule samt ihrer Bibliothek zum Opfer fiel, nach der neuen Hauptstadt Helsingfors übergesiedelt waren, wurden auch sie von jener Begeisterung ergriffen, die ihr Herz für Sitte, Sprache und Kultur des eigenen Volkes aufflammen ließ. Diese Vaterlandsliebe, die sich bald auch des gesamten öffentlichen Lebens bemächtigte, ward nun zum gewaltigsten Urquell des dichterischen und geistigen Schaffens der jungen Dichter. Drei Namen sind es, an die sich die erste fruchtbare Blütezeit der schwedisch-sprachlichen Dichtung knüpft: Johan Ludwig Runeberg (1804—1877), Lars Jakob Stenbäck (1811—1870) und Zachris Topelius (1818 bis 1898), alle drei so verschieden voneinander, daß sie zum Teil unvereinbare Gegensätze darstellen und doch wiederum alle drei typische und weithin erkennbare Vertreter des allgemeinen finnländischen Volkstums.

Runeberg, der älteste, zugleich der geistig hervorragendste und künstlerisch abgeklärteste, nimmt in der Dichtung Finnlands die alles beherrschende Stellung des über die Partei- und Geschmackskritik hinausgewachsenen Klassikers ein. Er war in Jakobsstad, einem Küstenstädtchen im schwedisch-sprechenden Österbotten als Sohn eines Schiffskapitäns geboren. Das Finnische blieb ihm zeitlebens fremd; trotzdem ward ihm das finnische Volkstum in seinen wesentlichen Charakterzügen, in seiner Lebensauffassung und Lebensart so vertraut, daß er in seiner Dichtung ein echtes und reines Spiegelbild auch des finnischen Urbewohners Finnlands zu geben vermochte. Er bildet hierin ein klassisches Beispiel für die für finnische Verhältnisse bezeichnende Tatsache, daß ein großer Teil der gebildeten Klasse Finnlands, die germanischer Abstammung ist, trotz ihrer oft sehr mangelhaften Kenntnis der finnischen Sprache, sich nicht nur mit dem nur Finnisch redenden Volke ugrischen Stammes gut versteht, sondern es auch fast als einen Bruder von gleichem Stamme und gleichem Blut empfindet. Die Erklärung hierfür ist teils in dem demokratischen Geiste zu suchen, der seit alters als skandinavisches Erbteil die gebildeten Klassen Finnlands erfüllte, teils in den gemeinsam erlebten geschichtlichen Überlieferungen und der Gefühls- und Geistesverwandtschaft, die eine natürliche Folge klimatologischer und landschaftlicher Bedingungen sind.

Im Innern Finnlands, in den Einöden von Saarijärvi und Ruovesi, wo Runeberg einige Jahre als Hauslehrer wirkte, lernte er nicht nur die herbe und einsame Größe der finnischen Natur, sondern auch das mit allen Unbilden und Härten dieser Natur kämpfende Bauernvolk des Landes verstehen und lieben. Hier war es auch, wo ein alter Veteran aus dem finnisch-russischen Kriege von 1809 in vertraulichen Plauderstunden in dem Herzen des jungen Studenten das Feuer vaterländischer Begeisterung entzündete, das noch jahrzehntelang seine Phantasie beschäftigen sollte und aus dem jene unsterblichen Balladen entsprangen, die ihren Schöpfer zum nationalen Dichter Finnlands machten.

Das Kennzeichen der Runebergschen Dichtung ist natürliche Schlichtheit, durchsichtige Klarheit und eine beherrscht-verhaltene Objektivität, die in ihrer maßvollen Ruhe und Kühle manchmal die olympischen Züge der Goetheschen Kunst trägt. Wohl ist er ein echter Lyriker:

zahlreiche Gedichte und einzelne Episoden in seinen epischen Verserzählungen, vor allem in dem entzückenden Idyll „Hanna", strömen aus einer wunderbar zarten und reinen Empfindung, deren Flug nur selten durch das Schwergewicht der Reflexion gehemmt wird. Aber seinem sauberen, bis zur Kristallklarheit abgeschliffenen Stil fehlt der letzte undefinierbare Zauber des lyrischen Geheimnisses. Den glücklichsten Griff findet er da, wo er keine subjektiven Stimmungen zu formen hat, und erreicht die höchste Vollendung in der realistisch-verklärten Form der objektiven epischen Erzählung. Schon in dem ersten Gedicht, in dem er ein typisches Charakterbild des finnischen Bauern zu geben sucht, dem „Bauer Paavo", gelingt es ihm, mit ganz geringen Mitteln, in einer künstlerisch scheinbar eintönigen Sprache, die ganze Eigenart dieses Volkstums in ihrer Kargheit, Herbheit, unendlichen Geduld und Ergebenheit und ihrer zähen Unausrottbarkeit zu vollendetem Ausdruck zu bringen. In seinem, nicht dem Umfang, aber dem künstlerischen Gehalt nach, großen Lebenswerk, der Balladensammlung: „Fänrik Ståls sägner" (Die Erzählungen des Fähnrichs Stål, vollständige deutsche Ausgabe von Wolrad Eigenbrodt) strahlt diese realistische Menschendarstellung in einer Kraft und Lebendigkeit und in einem Reichtum, die von unzerstörbarer Dauer sind. Das Volk im Krieg ist der Held dieser vierunddreißig Balladen, aber verkörpert in lauter Einzelgestalten und Erlebnissen von schärfster Charakteristik: Der Feldmarschall, der Offizier, der Gemeine, der Troßkutscher und die Marketenderin, der hohe Staatsbeamte und das Häuslermädchen, ja der König selbst und der Kosakengeneral des feindlichen Heeres, wir erleben sie alle in knapp und doch erschöpfend umrissenen Bildern, herausgeschnitten aus einer anekdotenhaft zugespitzten Situation, aus dem breiten Fluß eines dahinrollenden Lebenslaufes oder aus dem mächtigen Abglanz eines geschichtlichen Ereignisses. Für die noch lebenden Geschlechter des finnischen Volkes ist Runeberg freilich mehr als bloß der Schöpfer der „Fähnriche": er ist auch der Sänger der „Hanna", des Gesundbrunnens der jungen unsentimentalen Liebe, er ist der Verkünder der heiteren und harmonischen Lebensauffassung, des Glaubens an eine lichte Zukunft für den Einzelnen, wie für sein Land und die ganze Menschheit, er ist in dem mächtigen Pathos des „König Fjalar" der strenge und ernste Mahner, der den Hochmut des Menschen vor der unerbittlichen Größe des Schicksals warnt, und er ist der milde, alles verstehende Bekenner einer Religion, für die es keine ewige Verdammnis gibt, weil Menschsein im Guten und im Fehlen für sie das von der Natur Gegebene und darum einzig Schöne und Liebenswerte ist. Aber alle diese Ausstrahlungen seines Dichtertums wird das eine Werk überleben, das den Namen des schlichten Fähnrichs trägt, weil er in diesem Werke am tiefsten und unmittelbarsten zum Herzen seines Volkes spricht, weil er es hier im Kostbarsten seines Wesens trifft: in seinem heroischen Empfinden.

Wenn man sich von Runeberg zu seinem sieben Jahre jüngeren Genossen Lars Jakob Stenbäck wendet, so ist es, als stiege man aus der Helle eines sonnigen Marmortempels in die finsteren Irrgänge altchristlicher Katakomben hinab. Hier ist jedes Wort Unruhe, Leidenschaft, Kampf und Anklage. Ein Kampf um Frieden, der nie errungen wird, ein Kampf gegen Sünde, die nie bezwungen wird. In dem heftigen Zugwind des Pietismus, der in den dreißiger Jahren des 19. Jahrhunderts ganze Volksschichten des finnischen Volkes in seine düstern und lebensfeindlichen Wirbel riß, erlebte Stenbäck die Krisis seines Lebens, die „Erweckung", die seine leidenschaftliche, immer aufs Ganze gehende Natur vor ein hartes „Entweder—Oder" stellte: entweder die Kunst mit ihrem Mutterboden, dem Leben, dem diesseitigen Leben mit all seiner Schönheit und — Sünde, oder Vergebung der Sünden, ein ewiges Heil im jenseitigen Leben, aber unter Verzicht der irdischen Gnaden der Kunst. Er wählte das letztere, nach einem Kampf, der zum Erschütterndsten gehört, was Menschenseelen durchlebt. Dreißig Jahre alt, schlug er den Gott tot, der bis dahin seine Seele mit verzehrender Glut erfüllt hatte, um Jenem zu dienen, der keine anderen Götter duldet neben sich. Die religiösen Kämpfe, die ihn von Jugend auf erfüllt hatten, spiegeln sich in allen seinen Gedichten wieder, es gibt darum nur wenige von reinem Klang und Frieden. Aber das Gefühl erreicht oft eine Innigkeit und Tiefe, die ergreifend wirken, und manchmal steigert sich die Leidenschaft zu einer mystischen Glut voll berückender Schönheit, so daß selbst die Zerrissenheit der sich selber anklagenden und peinigenden Seele die Weihe der Kunst empfängt und dadurch versöhnt.

Von Stenbäck zu Topelius ist fast ein noch größerer Sprung als von Runeberg zu Stenbäck, denn hatten diese beiden doch wenigstens einen Zug gemeinsam in ihrem Wesen: die Männlichkeit, so fehlt bei Topelius auch diese Gemeinsamkeit. Er bildet den weiblichen Gegensatz zu Runebergs ausgeprägt männlicher Wesensart. Wo jener streng und herbe ist, ist Topelius mild und weichherzig, wo jener durchsichtig klar, ist dieser manchmal verschwommen und sentimental, wo jener schlicht, schmucklos und kühl, ist dieser voll Gesang und Pracht und Phantastik. Nur eins haben beide — Runeberg und Topelius — in gleichem Maße gemeinsam: den Optimismus. Aus diesem quellen auch andere verwandte Grundzüge: die gesunde und heitere Lebensanschauung, die lebensfreudige Frömmigkeit, die beglückende Liebe zur Heimat.

Topelius ist der liebenswürdigste Romantiker der finnländischen Literatur, er ist zugleich ihr größter und fruchtbarster Fabulierer. Seine Erfindungsgabe ist unerschöpflich. Er ist der geborene dichtende Erzähler: die Stoffe, Einfälle, Bilder und Worte strömen ihm in solcher Fülle und mit solcher Leichtigkeit zu, daß er sein Leben lang spielend ein Füllhorn von Schönheit über den entzückten Leserkreis ausschüttet. Und diese Entzückung ist begreiflich und berechtigt. Es gibt kaum einen anderen Dichter schwedischer Zunge, der seiner Muttersprache süßeren Wohllaut entlockt hat, der sie geschmeidiger, zierlicher und dabei doch fast bis zur Volkstümlichkeit natürlich zu handhaben weiß als Topelius. Ein schwedischer Kritiker hat gesagt, Topelius' Schwedisch erinnere an das Italienische, es sei „ein Serenadenschwedisch, das zu Guitarrenklang und Abendrauschen des Windes paßt". Topelius ist kein Gedankendichter, aber durch seine ganze Dichtung geht ein Zug von Religiosität in seltsamer Verknüpfung von mystischer Phantastik und christlicher Dogmatik. Licht und Aufklärung sind ihm, wie Freiheit und Duldung, unveräußerliche Güter der Menschheit, aber nur im Dienste eines Glaubens an eine allweise Vorsehung. Voltaires kalter Materialismus erregt in ihm Grauen und Abscheu: „Doch dieses Licht war kalt wie Eis und dieser Blitz war Hohn; und dieser Witz so hoch im Preis ein grinsender Dämon."

Er ist vor allem Lyriker und Erzähler. Sein Lied ist leicht und spielend wie Vogelsang, sein Naturempfinden ganz aus der Eigenart der finnischen Landschaft, vor allem wie sie sich von der milden, stillen und sonnigen Seite zeigt, hervorgewachsen, seine Erotik von einer Zartheit und Reinheit, daß sie sich kaum über den Hauch einer schüchternen Sehnsucht hinauswagt. Als Erzähler bevorzugt er historische Stoffe, aber er taucht sie gern in das romantische Licht einer phantasievollen Erfindung. Sein größtes Werk, eine Romanserie aus dem dreißigjährigen Kriege und dem darauf folgenden Jahrhundert, „Fältskärns berättelser“ (die Erzählungen des Feldschers, zum Teil auch in deutscher Übersetzung erschienen) ist ein meisterhaftes Zeit- und Kulturbild des finnischen Volkes, das in seiner Fülle und Saftigkeit ergreifend und erschütternd wirkt. Wohl ist die Einzelcharakteristik manchmal mangelhaft und zu einseitig in schwarz oder rosa gehalten, aber mit dem unaufhaltsamen Schwung des geborenen Erzählers schlägt er auch hier alle auftauchenden Einwände und Zweifel nieder und reißt auch den kritisch Widersprechenden mit sich.

Vielleicht die größte und dauernde Bedeutung als Erzieher seines Volkes gebührt ihm als Dichter für die Kinderwelt. Er hat eine Unzahl von Erzählungen, Dramen, Versen und Märchen für Kinder geschrieben, die an schlichter Natürlichkeit, an spannender Unterhaltsamkeit und an unaufdringlichem ethischem Gehalt einzig in der Weltliteratur dastehen. Für jeden Finnländer der heutigen und wohl noch mancher kommenden Generation verkörpert „Onkel Topelius“ das Rührendste, Heiterste und Kostbarste aus dem geistigen Erinnerungsschatz der Entwicklungsjahre. Wie Runebergs Geburtstag, der 5. Februar, ein Nationalfeiertag in Finnland ist, so wird der 14. Januar, der Geburtstag von Topelius, noch lange ein Festtag bleiben, der in den Schulen und Familien Finnlands mit dankbarer Weihe begangen werden wird.

Eine Betrachtung der im eigentlichen Sinne modernen schwedischsprachlichen Dichtung Finnlands würde uns hier zu weit führen. Nur eine Ausnahme sei gestattet: Karl August Tavaststjerna (1860 bis 1898), der leider zu früh dahingegangene erste bedeutende Dichter des modernen schwedischen Finnland. Das Kennzeichen der künstlerischen Persönlichkeit Tavaststjernas ist der innere Zwiespalt, unter dem er sein Leben lang gelitten und der seine Dichtung bei aller Schönheit und formellen Virtuosität nicht zu der Wirkung hat gelangen lassen, die aus der Kraft eines ungebrochenen und ganzen Wesens strömt. Die Ursachen dieser Zerrissenheit liegen teils in seiner eigenen Natur begründet, teils in äußeren Umständen, vor allem aber auch in den literarischen Strömungen, die zur Zeit seines Hervortretens herrschten.

Der Realismus mit seinen naturalistischen Ablegern hatte, von Frankreich kommend, über Skandinavien auch das geistige Leben Finnlands überflutet. Tavaststjerna besaß wesentliche künstlerische Voraussetzungen für die realistische Auffassungs- und Darstellungsweise: eine ungeheuer scharfe Beobachtungsgabe und die Fähigkeit, die Wirklichkeit im einzelnen in festen Strichen nachzuzeichnen. Diese Begabung machte ihn zum eifrigsten Verfechter der realistischen Kunst. Aber in seinem tiefsten Innern war er ein Vollblutromantiker und subjektiver Individualist. Er ermangelt der Fähigkeit, sich zu objektivieren, das Leben eines anderen Individuums zu leben oder folgerichtig nachzuempfinden, immer und überall tritt sein persönliches, subjektives Empfinden störend dazwischen und verzerrt die Wirklichkeit durch lyrische oder satirische Lichter. Es liegt trotzalledem in diesem Subjektivismus eine ungeheure Stärke, die nicht ohne ihre eigene Wirkung ist: alles, was er dichtet, ist echt, weil es immer ein unverfälschter Widerhall seines eigenen augenblicklichen Erlebens ist, und wirkt darum stark, aber die Wirkung ist nicht rein und nicht befreiend. Seine Lyrik ist von wunderbarer Feinheit und Schönheit, die noch mehr durch die verhaltene und beherrschte Glut der Empfindung ergreift, als durch die Gewandtheit der Form, die er manchmal fast bewußt vernachlässigt. In der Prosa ist er der erste Romandichter im schwedischen Finnland, der ganz in den Spuren der modernen psychologischen Kleinmalerei wandelt und hierin mit den Besten seiner Zeit verglichen werden kann. Daß er auch hier den ihm eigenen Weltschmerz, mit Skepsis und Ironie gemischt, immer wieder durchbrechen läßt, verleiht auch seinen strengsten realistischen Schilderungen ihren eigenartigen Reiz.

Er ist ein Romantiker ohne romantische Phantasie und ein Realist voller subjektiver Launen und verzehrt sich deshalb vergebens nach einer restlosen und befriedigenden Bezwingung des künstlerischen Problems, aber er ist so reich an Lebensbeobachtung und Erfahrung und er beherrscht in so vollkommener Weise die technischen Hilfsmittel seiner Kunst, daß die heutige schwedische Dichtkunst Finnlands mit Recht ihn als ihren eigentlichen Ausgangspunkt und Vater betrachtet.

Gleichzeitig mit Tavaststjerna traten zwei ältere Schriftsteller in die Öffentlichkeit: der gewandte und unterhaltende Erzähler Jac. Ahrenberg (1847—1915), der eine viel größere Popularität erlangte als Tavaststjerna und durch Übersetzungen auch in Deutschland bekannt ist. Zwei Romane aus dem finnischen Volksleben: „Hihuliter" (Bezeichnung einer religiösen Sekte) und „Stockjunkaren" (etwa: „Der Holzbaron" zu übersetzen), und aus dem gesellschaftlichen Leben: „Familjen på Haapakoski" (Die Familie auf H.) und „Vår landsman" (Unser Landsmann) sind die bedeutendsten. Der Dramatiker

Gustaf von Numers (1848—1916) schuf mit seinem Lustspiel „Bakom Kuopio“ (Hinter Kuopio) eins der erfolgreichsten Repertoirstücke der einheimischen Bühne.

Aus der jüngsten schwedisch-sprachlichen Dichtung seien hier nur einige der hervorragendsten Namen genannt: Mikael Lybeck (1864) hat sich auf allen Gebieten getummelt und sowohl in der Lyrik wie im Drama und in der Prosaerzählung einen originellen zugespitzten Stil von sehr persönlicher Art entwickelt. Bei aller Knappheit des Ausdrucks ist seine psychologische Analyse von großer Fülle und Tiefe. Hjalmar Procopé (1868) und Bertel Gripenberg (1878) sind ausschließlich Lyriker. Während Procopé einfacher, manchmal nachlässiger in der Form, dafür aber reicher, weitgreifender und vielseitiger im geistigen Gehalt seiner Gedichte ist, zeigt Gripenberg eine seltene Pracht und Schönheit der Sprache und Form, hält sich aber inhaltlich in einem viel engeren Rahmen. Arvid Mörne (1876) ist der typische dichterische Vertreter des germanischen Volkstums Finnlands. Einige Zeit lang hat er auch in fast tendenziöser Weise soziale Probleme in der Lyrik behandelt. Jacob Tegengren ist ein feiner Natursänger von zarter, aber nicht gerade origineller Schönheit.

Seit einigen Jahren zeigt die schwedisch-sprachliche Dichtung, die um die Jahrhundertwende nahe am Verdorren war, wieder frische Schößlinge, die von ihr noch manche schöne Blüte erwarten lassen.

Die finnische Dichtung Finnlands. Als Begründer der finnischen Literatur kann der Bischof Michael Agricola (1508—1557) bezeichnet werden, der durch seine finnische Übersetzung des neuen Testamentes und einiger Teile des Alten (1548) und durch die Herausgabe der unentbehrlichsten religiösen Lehrbücher und liturgischen Schriften in finnischer Sprache nicht nur das Werk der Reformation in Finnland dauernd befestigte, sondern auch die Grundlage für eine finnische Schrift- und Literatursprache schuf. Doch dauerte es noch fast drei Jahrhunderte, ehe die dichterischen Keime, die im Verborgenen in der Volksseele ruhten und zum Teil nur in mündlicher Überlieferung alter Volkssänger künstlerische Gestaltung erfuhren, durch die Schrift festgehalten und weiter verbreitet wurden. Wohl erschienen im siebzehnten und achtzehnten Jahrhundert einzelne Schriften wirtschaftlich-praktischen Inhalts, aber abgesehen von wenigen belehrend unterhaltenden Volksbüchern dilettantenhafter Art und einigen spärlichen Blüten lyrischer Poesie, kannte man bis in die ersten Jahrzehnte des 19. Jahrhunderts nichts in finnischer Sprache, was als Dichtung in höherem Sinne hätte angesprochen werden können.

Mitten in diese literarische Armut fiel die überraschende Entdeckung der finnischen Volksdichtung. Das Volk, das, soweit es sich um schriftliche Urkunden handelte, in einer geistigen Dürftigkeit ohnegleichen gelebt hatte, sah sich eines Tages im Besitz eines dichterischen Reichtums ohnegleichen. Freilich kam diese Entdeckung nicht über Nacht und war nicht ausschließlich das Werk eines Mannes. Sie ward vorbereitet durch die jahrelangen Bemühungen eines oder richtiger einiger Vorgänger und unterstützt durch die werktätige Hilfe eines kleinen Kreises vaterländisch begeisterter Männer. Zacharias Topelius der Ältere, der Vater des Dichters gleichen Namens, hatte nach finnischen Volkssängern im russischen Karelien eine Anzahl Volkslieder aufgezeichnet und 1822 zu veröffentlichen begonnen. Diese Sammlung Volkslyrik wurde zum entscheidenden Anstoß für das Lebenswerk des Mannes, dem das finnische Volk sein unsterbliches Epos „Kalevala" in der Gestalt, die es heute besitzt, verdankt.

Elias Lönnrot (1802—1883) war der Sohn eines armen Dorfschneiders. Aus Hunger und Entbehrungen aller Art arbeitete er sich empor und erzwang mit eiserner Zähigkeit das Studium der Medizin. Schon in den Studienjahren ward er von der Sprachgewalt der Dichtungen, die er kennen lernte, so mächtig ergriffen, daß er es sich nicht nehmen ließ, 1829—1831 auf eigene Kosten vier Hefte Volksrunen unter dem Titel „Kantele" herauszugeben, die er als Student auf häufigen Fußwanderungen in Ostfinnland gesammelt hatte. Als er 1832 Arzt geworden, wählte er als Wirkungskreis das hoch im Norden gelegene Städtchen Kajana, wo er dem Paradiese seiner Träume, der Heimat der ostkarelischen Volkssänger am nächsten war. Die Entdeckung, die er nun machte, war nicht geringer an Bedeutung, als die Entdeckung der Gesänge selbst: er fand das geistige Band, das die ungeheure Menge dieser Runen miteinander verknüpfte, und es gelang ihm, aus dem überwuchernden Gerank der hunderttausend Varianten ein zusammenhängendes Ganzes zu schaffen.

Der Runensänger, der das Lied von den Vätern übernahm, behütete den von ihnen ausgesponnenen Faden als ein unantastbares Gut, aber er wandelte, je nach Ort und Sitte, nach Laune und Gabe im einzelnen Wort und Bild. Und Elias Lönnrot, der letzte Runen- und Volkssänger des finnischen Volkes, verkörpert gleichsam in sich alle seine Vorgänger, wenn er, ein jedes Lied in vielfacher Gestalt aufnehmend, für jeden Vers die schönste, für jeden Vorgang die vollständigste Gestalt wählt und, das Mannigfaltige verbindend, die einzelnen Lieder und aus ihnen das ganze gewaltige Epos aufbaut. So ist die Kalevala die Schöpfung eines Volkes und zugleich das Werk eines Einzelnen. 1835 veröffentlichte er die ersten 12000 Verse in 32 Runen und gab ihnen nach der Heimat der Helden den Sammelnamen „Kalevala".

Für die wenigen Kenner des finnischen Sprach- und Volkstums wurde die „Kalevala" zu einer Offenbarung. Die große Menge der Gebildeten blieb zunächst unberührt davon. Denn diese Gebildeten verstanden nicht die Sprache dieser Dichtung, da das Finnische nicht einmal Unterrichtsgegenstand in den Schulen war. Das Volk selbst aber steckte noch zu tief in geistiger Dürftigkeit, um den Wert dieser weltlichen Poesie zu erfassen. Die kleine Auflage von 500 Exemplaren brauchte anderthalb Jahrzehnte, um abgesetzt zu werden; dann aber, 1849, erschien das endgültige vollständige Werk in 50 Runen, rund 23000 Verse umfassend, und begann nun Wurzel zu fassen im Volk und eine geistige Macht zu werden, deren Wirkung und Bedeutung für die Kultur des finnischen Volkes erst künftigen Generationen ganz aufgehen wird.

Die Dichtung ruht auf rein mytischer Grundlage, wenn sie auch in der Gestalt, in der sie uns überliefert worden, wohl aus den letzten Jahrhunderten vor der Einführung des Christentums, der Schluß sogar aus viel späterer Zeit stammt. Die Form ist ein aus vier Trochäen bestehender achtsilbiger, alliterierender Vers, der auch der übrigen alten finnischen Volkspoesie gemeinsam ist. Eine Stileigentümlichkeit ist der Parallelismus, eine durchgehende gedankliche Wiederholung der einzelnen Verszeilen, deren Inhalt in der folgenden Zeile umschrieben, ergänzt oder erläutet wird. Eine Erklärung hierfür liegt in der Art, wie diese Lieder vorgetragen wurden: der Sänger wählte sich einen Helfer, der sich ihm gegenüber setzte; beide reichten einander die Hände und, Knie an Knie, sich sachte vor- und rückwärts wiegend, begann der Sänger, dem der Helfer in der Mitte des Verses ins Wort fiel und, den begonnenen Gedanken modelnd und variierend, gleichsam den angesponnenen Faden durch die Hände laufen ließ, bis jener sich auf den nächsten Vers besonnen und weiter spinnen konnte.

Die Dichtung schildert in den ersten Gesängen die Entstehung der Welt und der Lebewesen auf der Erde, wird aber dann zu einem

Heldenepos, das in mächtiger Breite mit weit ausholenden Verzweigungen und Episoden den Kampf der Völker von Kalova und Pohjola und die Schicksale und Abenteuer ihrer Helden besingt. Der letzte Gesang beschließt mit einem Motiv, das den Kampf zwischen Heidentum und Christentum zu symbolisieren scheint: der heidnische Wäinämöinen, die Zentralgestalt der ganzen Dichtung, muß vor einem Knaben weichen, den eine Jungfrau, Mariatta, geboren, nachdem sie eine Preiselbeere verzehrt hat. Sein zauberhaftes Saitenspiel, die Kantele, läßt er zur ewigen Freude des Volkes an der Küste Finnlands zurück.

Man hat dieses Volksepos mit den Nibelungen, der Edda, Homer verglichen. Im Vergleich zum Reichtum Homers erscheinen die Schilderungen der Kalevala wohl dürftig und arm an Einzelheiten, dagegen übertrifft sie in der außerordentlich scharf individualisierenden Charakteristik die allgemein gehaltenen Typen des griechischen Epos. Und an Anschaulichkeit und kraftvoller Ursprünglichkeit, an Reichtum der Bilder und des Wortschatzes, kann sie dem Besten in der Volksdichtung aller Völker gleichgestellt werden. Bezeichnend für die Wesensart des Volkes ist, daß die Weisheit über alles gestellt wird. Wohl kommen Kampf und Blutvergießen in Hülle und Fülle vor und Mut und Tapferkeit sind laut besungene Mannestugenden. Aber höher steht der ernste Denker, der im Besitz des geheimnisvollen Ursprungswortes ist, das aller Dinge Anfang und Ende ist.

Neben ihrem dichterischen Wert besitzt die Kalevala eine unschätzbare kulturhistorische Bedeutung: wir empfangen aus ihr ein vollständiges Bild des Lebens, Denkens und Empfindens der Urfinnen, ihrer Sitten und Gebräuche, ihres Hausstandes und Besitzes, ihrer Ideale und ihrer Religion, ja, ihrer Landschaft, ihrer Pflanzen- und Tierwelt im eigenen Hof und in der Wildnis. Heute ist die Kalevala ein geistiges Besitztum des finnischen Volkes vielleicht in demselben Grade, wie es die homerischen Gesänge den Griechen waren.

Neben diesem Epos steht das große Werk der Volkslyrik, das Lönnrot unter dem Titel „Kanteletar“ 1840 herausgab und das 700 lyrische Gesänge enthält. Den Grundton dieser Lyrik bildet die Schwermut, und sie klingt meist in einen schmerzlichen Verzicht aus. Doch ist sie auch reich an ausgelassener, ja burlesker Heiterkeit, zumal sie stofflich die ganze Stufenleiter des menschlichen Lebens, von den Spielen der Kindheit bis zur Stille des Grabes in einem unerschöpflichen Bilderreichtum umfaßt. Von der Vielseitigkeit der finnischen Volksliteratur zeugen noch andere Sammlungen Elias Lönnrots: 1880 veröffentlichte er eine große Auswahl alter finnischer Zauberrunen, magischer Gesänge, die nirgends anderswo diese Entwicklung erreicht haben, wie beim finnischen Volk. Vier Jahrzehnte früher, 1840, hatte Lönnrot ein Sammlung von 7700 Sprichwörtern (meist in metrischer Form) und später einen Band mit 2200 Rätseln herausgegeben, doch enthalten diese Sammlungen bei weitem nicht alles, was an Denksprüchen bisher aufgezeichnet ist und neben anderem Unveröffentlichten in den Archiven der Finnischen Literaturgesellschaft zu Helsingfors der Auferstehung harrt.

Die Wirkung dieser Volksdichtungen blieb, wie bereits erwähnt, zunächst auf einen ganz kleinen Kreis von Kennern beschränkt. Aber auch als sie sich allmählich auf weitere Schichten der Gebildeten zu verbreiten begann, war diese Wirkung ausschließlich ganz allgemein kultureller Art: sie weckte und förderte das Interesse für vaterländische Fragen, für die Aufklärung des Volkes, für die einheimische Geschichte und Forschung und vor allem für die Sprache des Volkes, das Finnische. — Es ist hierbei bezeichnend, daß die meisten Männer, die in dieser Richtung um jene Zeit tätig waren, ihre Werke und Forschungen in schwedischer Sprache veröffentlichten; nicht nur, daß sie Rücksicht auf den Leserkreis nehmen mußten, der des Finnischen noch nicht mächtig war, sondern sie beherrschten meist auch selber nicht genügend die Ursprache des Volkes.

Aber auf einem Gebiete blieb es zunächst noch fast während eines ganzen Menschenalters still: auf dem der schönen Literatur selbst. Außer den oben genannten Gründen trug hierzu noch eine engherzig bürokratische Maßregel bei, die unmittelbar gegen die finnische Sprache als solche gerichtet war. Die nationale Erweckung, die mit den Bemühungen um die finnische Sprache Hand in Hand ging, rief in den streng konservativen Regierungskreisen Befürchtungen wegen einer all zu weit gehenden demokratischen Richtung hervor, man witterte demagogische Umtriebe von seiten der finnischen Spracheiferer, und am 8. April 1850 verbot eine Zensurverordnung die Herausgabe irgendwelcher anderen Druckschriften in finnischer Sprache als solcher, die „religiöse Erbauung und wirtschaftlichen Nutzen bezweckten". Natürlich war eine genaue Durchführung eines derartigen absurden Verbots undenkbar. Im Jahre 1863 wurde es auch formell aufgehoben.

Es war das denkwürdige Jahr des politischen Wiedererwachens Finnlands. Mit der Befreiung von politischer Bevormundung beginnt auch das eigentliche Aufblühen der finnisch-sprachlichen Literatur. Die Kräfte, die während der erzwungenen Stille sich gestaut hatten, drängten nun nach Betätigung, der vorher stumme Mund wurde beredt und die Lippen flossen über von dem Gesang, dessen das Herz voll war.

Auch auf die finnisch-sprachliche moderne Dichtung, so reich und bunt sie auch im Verlauf der Jahrzehnte aufgeblüht ist, kann hier im einzelnen nicht eingegangen werden. Der Namen wären zu viele und eine Auswahl zu schwierig. Nur ein Name sei auch hier herausgehoben aus der Menge, die in finnischer Zunge dichtet, ein Name, der gleich einem Edelstein in der Perlenschnur der neueren finnischen Dichtung leuchtet: Aleksis Kivi (1834—1872). Auch er war gleich Elias Lönnrot eines armen Dorfschneiders Sohn, auch ihm verfloß die Jugend in harter Not und Entbehrung. Und ihm hatte das Schicksal die zähe Widerstandskraft versagt, die Lönnrot über alles Elend hinweggetragen hatte; ihm hatte es dazu eine andere schwerere Not ins Herz gesenkt: die Glut der dichterischen Inspiration, die den schwächlichen Körper verzehrte und seinen Geist verbrannte, ehe er alles zu sagen vermocht, was in ihm nach Unsterblichkeit rang. Und doch ist das, was ihm zu sagen vergönnt gewesen ist, genügend, um seinen Namen für alle Zeiten in dem Pantheon der finnischen Kunst zu bewahren. Kivi ist der erste große finnische Dichter, der gleich Runeberg in der schwedisch-sprachlichen Dichtung, über den Rahmen des eigenen kleinen Vaterlandes hinaus in die Weltliteratur hineinragen wird. Wird, denn noch ist seine Zeit nicht gekommen, noch leuchtet seine Größe nur erst der Heimat; aber die Brücke zum Verständnis für die anderen Völker ist bereits geschlagen, nachdem in jüngster Zeit seine Werke in schwedischer Übertragung zu erscheinen begonnen. Kein Lyriker in eigentlichem Sinne tritt uns in Kivi entgegen: seine Verse werden von Kennern nicht hoch angeschlagen. Um so gewaltiger tritt seine Größe als Dramatiker und Epiker zu Tage. In der kurzen Spanne eines Jahrzehnts schuf er sechs Dramen und einen großen Roman, unter denen vor allem zwei Dramen, das Lustspiel „Nummisuutarit" (Die Haideschuster 1865) und der historisch religiöse Einakter „Lea", und der Roman „Seitsemän veljestä" (Die sieben Brüder 1870) seinen Ruhm in der Weltliteratur sichern. Die drei Wünschelruten des großen Dichters: Wirklichkeitssinn, Humor und Phantasie, stehen ihm in unbegrenztem Maße zu Gebote. Der derb realistische Humor der „Haideschuster" und der berückende Märchenzauber der „Lea" zeigen, über wie reiche Töne dieser Dichter verfügte. Daneben offenbart er in beiden Werken eine Charakterisierungskunst von einziger Tiefe und Feinheit. Alle diese Vorzüge vereinigt der Roman in einer Fülle und Größe, die ihn zu einem unerschöpflichen Born dichterischer Anregungen für die nachfolgenden Geschlechter werden ließen. Kivi ist neben der finnischen Volkspoesie der fruchtbare Mutterboden, aus dessen Schoß die kostbarste künstlerische Saat der heutigen finnischen Dichtkunst emporsprießt.

Von älteren Dichtern von Bedeutung sind zu nennen: A. Okſanen (Pseudonym für August Ahlqvist, 1826—1889), der Vater der modernen finnischen Kunstlyrik, zugleich bedeutender Forscher auf dem Gebiet der ural-altaischen Sprachen; Julius Krohn (1835—1880), ebenfalls zugleich Dichter und Sprachforscher; der geniale Shakespeare-Übersetzer Paavo Cajander (1846), der lyrische Melancholiker Kaarlo Kramsu (1855) und der ebenso fruchtbare wie formvollendete Juho Heikki Erkko (1849—1906). Eine der hervorragendsten Erscheinungen der finnischen Dichtung ist Frau Minna Canth (1844—1897), eine genial begabte Dichterin, die in ihren naturalistischen Erzählungen und Dramen erschütternde Bilder aus dem finnischen Volksleben gab. Eine eigenartige Erscheinung in den letzten Jahrzehnten des 19. Jahrhunderts war das Auftreten einer Novellenliteratur, deren Verfasser sämtlich Bauern oder Arbeiter waren. Ihr Urheber ist der 1827 geborene Pietari Päivärinta, dessen beste Erzählungen auch in deutscher Übersetzung erschienen sind. Die beiden bedeutendsten Dichter der Gegenwart sind: Juhani Aho (1861) und Eino Leino (1878). Aho ist in Deutschland durch zahlreiche Übersetzungen bekannt, vor allem durch seine unter dem Titel „Lastuja" (Spähne) erschienenen entzückenden Sammlungen von Skizzen und Stimmungsbildern und den großen Roman aus dem heidnischen Finnland „Panu". Leino, fast ausschließlich Lyriker, ist dagegen außerhalb seines Vaterlandes noch vollkommen unbekannt. In der Prosadichtung in finnischer Sprache sind während der letzten 30 Jahre eine so große Anzahl teilweise außerordentlich begabter Dichter aufgetreten, daß selbst die bloße Aufzählung auch nur der besten unter ihnen zu viel Raum beanspruchen würde. Doch seien hier wenigstens folgende Namen genannt; Arvid Järnefelt (1861),

Juho Reijonen (1885), Teuwo Pakkala (1862), Santeri Ingman (1866), Kasimir Leino (1866), Santeri Alkio (1862), Kauppis-Heikki (1862), Wolter Kilpi, Joel Lehtonen, Johannes Linnankoski, Maila Talvio u. v. a.

Die Presse. Die Zeitungspresse entwickelte sich in Finnland nur sehr langsam und gleichsam ruckweise. Bei dem sehr kleinen Leserkreis, auf den die Zeitungen rechnen konnten, war kein Geschäft zu machen, und auch keine Möglichkeit vorhanden, ein Zeitungsunternehmen auf so feste Füße zu stellen, daß es auf Jahre hinaus gesichert erscheinen konnte. Nur das persönliche und oft sehr selbstlose Interesse des einzelnen Herausgebers für die Sache entschied die kürzere oder längere Lebensdauer eines Blattes. So kam es, daß zu Zeiten, wo diese Begeisterung für die ideellen Aufgaben der Presse erschlaffte, in der Entwicklung der Presse selbst ein Stillstand oder gar ein Rückschritt eintrat. Neben diesen Schwierigkeiten hatte die Presse gegen einen anderen, gefährlicheren Feind anzukämpfen: die Zensur, die manchmal, besonders in den ersten Jahrzehnten der russischen Zeit und um die Mitte des Jahrhunderts, in der engbrüstigsten Weise gehandhabt wurde.

Die erste Zeitung in Finnland — „Tidningar utgifna af ett sällskap i Åbo" (Zeitungen, herausgegeben von einer Gesellschaft in Åbo) — war von dem Geschichtsforscher H. J. Porthan begründet worden und eigentlich kein Nachrichtenblatt, sondern ein Archiv für einheimische Geschichtsforschung und Dichtung in schwedischer Sprache. Im Jahre 1809 trat an ihre Stelle die erste wirkliche Zeitung: „Åbo Tidning" (Åboer Zeitung). Aber schon im folgenden Jahre verwandelte sie sich unter dem Titel „Åbo allmänna tidning" (Åboer allgemeine Zeitung) in eine offizielle Zeitung, und 9 Jahre lang besaß nun das Land nicht ein einziges unabhängiges Blatt. Erst seit 1819 erschienen ein paar unabhängige Blätter in schwedischer und finnischer Sprache, die aber auch bald verschwanden, bis 1824 das noch heute bestehende älteste Blatt Finnlands „Åbo underrättelser" (Åboer Nachrichten) und 1829 zwei andere Zeitungen zu erscheinen begannen, welche letzteren lange Zeit dank ihren hervorragenden Hauptschriftleitern Runeberg und Topelius einen großen Einfluß ausübten. Keines dieser noch der anderen, später hinzukommenden Blätter erschien öfter als zweimal wöchentlich, die finnisch-sprachlichen nur einmal in der Woche.

Eine Epoche in der Geschichte des finnischen Zeitungswesens bildete das Jahr 1844, wo Johan Wilhelm Snellman zwei Wochenschriften, eine in schwedischer und eine andere in finnischer Sprache herauszugeben begann. Unter dem Einfluß der Hegelschen Philosophie hatte er in einem großen Werk, „Die Lehre vom Staate", den Satz verfochten, daß der Nationalgeist die Grundlage jegliches Staatslebens sei. Die Quelle des Nationalgeistes aber sei die Volksseele, die sich vor allem in seiner Sprache äußere. Snellmans publizistische Tätigkeit richtete sich nun vor allem darauf, in der schwedisch sprechenden Klasse der Gebildeten für die finnische Sprache Propaganda zu machen und in ihr das Bewußtsein ihrer Solidarität mit der großen Masse des Volkes zu wecken. Über Politik freilich durfte er nicht reden. Aber das Feld, auf dem er seine erzieherischen Aufgaben verfolgen konnte, war ja groß genug: über Volksbildung und Schulwesen, Industrie- und Verkehrswesen, Landwirtschaft und Handel, Erziehung und Armenpflege und unzählige andere Fragen des öffentlichen Wohles und der Allgemeinbildung sprach er sich mit einer Freimütigkeit und Schärfe und einem vaterländischen Feuer aus, die im ganzen Lande einen lauten Widerhall fanden. Er ließ sich durch Zensurverbote nicht abschrecken, und bald fand er eifrige Nachfolge auch unter den finnisch redenden Kreisen der Bevölkerung, so daß selbst die im Jahre 1850 erlassene absurde Verordnung gegen die finnische Sprache (S. 93) die mächtige Bewegung der finnisch-nationalen Wiedergeburt nur für einige Zeit zurückzudämmen, nicht aber zu ersticken vermochte.

Zu einem eigentlichen Leben erwachte die periodische Presse in Finnland erst, seitdem nach der Thronbesteigung Alexanders II. eine freiheitliche Richtung in der Politik die Oberhand gewonnen. Im Jahre 1862 begann die erste tägliche unabhängige Zeitung, das schwedische „Helsingfors Dagblad" (Helsingforser Tageblatt), zu erscheinen. Ihm folgte zwei Jahre später ein zweites Blatt, das ebenfalls schwedische „Hufvudstadsbladet" (Das Hauptstadtblatt), heute das größte und gelesenste Blatt Finnlands. Seit den siebziger Jahren nahm auch die finnisch-sprachliche Presse einen raschen Aufschwung und hat allmählich, wie dies nach dem Zahlenverhältnis der schwedischen und finnischen Bevölkerung zu erwarten war, die schwedisch-sprachliche weit überflügelt. In anderen als den Landessprachen erscheinen keine periodischen Schriften in Finnland, wenn man von ein paar Fachzeitschriften und einer während der Russifizierungsperiode herausgegebenen offiziösen russischen Zeitung absieht.

Es erschienen Zeitungen und Zeitschriften:

Jahr	in schwedischer Sprache	in finnischer Sprache	Zusammen
1820	3	1	4
1830	6	2	8
1840	10	3	13
1850	9	4	13
1860	14	14	28
1870	17	12	29
1880	23	34	57
1890	57	76	133
1900	77	145	222
1910	106	262	368
1913	113	273	386

Die Entwicklung der periodischen Presse veranschaulicht nebenstehende Tabelle.

Die Musik. Nach dem Brande von Åbo 1827 ward auch der Mittelpunkt des Musiklebens nach der neuen Hauptstadt Helsingfors verlegt. Ein glücklicher Umstand war es, daß es der Universität gelang, den Mann an sich zu fesseln, der nachher der erste hervorragende Tondichter Finnlands wurde, nämlich Fredrik Pacius (geboren in Hamburg 1809, gestorben in Helsingfors 1891). Bis dahin hatte sich das Musikleben fast ausschließlich auf die ausübende Kunst beschränkt; seit Pacius' Zeit besitzt Finnland auch eine eigene Musikliteratur. Pacius vertrat als Komponist die Richtung der Spohrschen klassisch-romantischen Schule und gewann allmählich einen ungeheuren Einfluß auf das Musikleben der jungen Hauptstadt, wo er 1845 einen „Symfonieverein" und 1848 einen „Gesangverein" gründete, mit denen er nach und nach eine große Reihe von Meisterwerken der Musikliteratur aufführte. Sein größtes Werk, die Oper „Kung Carls jagt" (König Karls Jagd) mit historisch-romantischem Text von Z. Topelius wurde zum ersten Mal 1852 in Helsingfors zum größten Teil von Liebhabern aufgeführt und mit Begeisterung aufgenommen. Seine vaterländische Bedeutung beruht indessen in erster Linie auf seinen Gesangkompositionen, z. B. dem vollendet schönen „Suomis sång", „Soldatgossen" (Der Soldatenjunge) und vor allem auf der Volkshymne Finnlands „Unser Land". National im eigentlichen Sinne war indessen, wie auch natürlich, die Kunst nicht, die Pacius in Finnland begründete und ausübte. Erst bei seinem Schwiegersohn, dem berühmten Übersetzer der Kalevala ins Schwedische, Karl Collan, der auch ein talentvoller Musiker war, bricht zum ersten Male die nationale Gemütsart erkennbar durch. Doch dauerte es noch ein paar Jahrzehnte, ehe selbständige Komponisten von Beruf an die Öffentlichkeit traten. Als erster unter ihnen ist Richard Faltin (1835—1918) zu nennen, der nach Pacius als Musiklehrer an der Universität wirkte. Auch er ist ein geborener Deutscher, wird aber mit Recht zur finnischen Musikgeschichte gezählt. Zu seinen bedeutendsten Kompositionen gehört eine Reihe Festkantaten. In der Leitung des Musiklebens nahm Martin Wegelius eine hervorragende Stellung ein, der teils als Komponist und als Direktor des Musikinstitutes in Helsingfors, teils als Verfasser musikalisch-pädagogischer Werke einen großen Einfluß auf die Entwicklung des Musiklebens in Finnland ausgeübt hat. Faltins Nachfolger als Musiklehrer an der Universität in Helsingfors Robert Kajanus (geb. 1856) ist durch einige große symfonische Dichtungen bekannt und hat sich vor allem durch seine kraftvolle Tätigkeit für die Orchesterkonzerte in Helsingfors sehr verdient gemacht. Alle Tonschöpfer Finnlands überragt um Haupteslänge Jean Sibelius (geb. 1865). Seine Instrumentation ist in hohem Grade glänzend und ausdrucksvoll, seine Inspiration ebenso originell wie unerschöpflich, seine Kontrapunktik ebenso geschmeidig wie kühn; Stil und Formbehandlung zeichnen sich durch starke, nicht selten rücksichtslose Subjektivität aus. Neben Sätzen von imponierender tragischer Größe, reicher poetischer Farbenpracht, weicher berückender Schönheit und gesunder volkstümlicher Einfachheit stehen andere, die erst Schritt für Schritt Verständnis und Bewunderung errungen haben. Das eigentliche Gebiet von Sibelius ist die orchestrale Tonmalerei, in der er sich mit seinen explosiven Gedanken und farbenschimmernden Naturstimmungen zur Genüge austoben kann. Aber auch ein anderes charakteristisches Element trat schon in diesen ersten Tondichtungen zu Tage: der ursprünglich finnische Naturton, ein Ton, der nicht so sehr mit dem Volksliede verwandt war, als vielmehr mit den Schalmeitönen des Hirten, dem Rauschen der Kiefern, den geheimnisvollen Lauten der Einsamkeit und des Schweigens über meilenweiten Wassern. Die scharfen und wilden Rythmen des Volkstanzes, wie die eintönigen Griffe auf dem alten Nationalinstrument, der Kantele, erkannte man wieder in diesen eigentümlichen Sätzen, die so fremd und doch im Grunde so bekannt klangen. Dieser finnische Ton war ihm angeboren; er erfüllte alles, was er schuf, und verlieh gleich im Anfang seiner musikalischen Dichtung ein eigenes Gepräge, das von jeder anderen Musik verschieden war. Kein einziger Komponist, weder ein Klassiker, noch ein Moderner, hatte diesem urfinnischen Tondichter als Muster gedient.

Die Form, unter welcher der Chorgesang in Finnland am meisten gepflegt und geliebt worden ist, ist das Männerquartett. Aus dem akademischen Sängerchor, der mit seinen feststehenden Überlieferungen und seinem steten Zufluß an frischen Kräften hier, wie in Schweden, das natürliche Urbild und die Quelle des Quartettgesanges ist, gehen beständig nach allen Gegenden des Landes musikliebende junge Männer aus, von denen jeglicher an seinem Ort neben den ernsten Pflichten des Lebens die Lust für den Quartettgesang weiter verbreitet. Der vierstimmige Männergesang ist in solcher Weise allmählich ein charakteristischer Zug im gesellschaftlichen Leben Finnlands geworden. Aus dem akademischen Gesangverein haben sich indessen von Zeit zu Zeit auch besondere Elitechöre gebildet, die gemeinsam mit dem Namen des letzten und bekanntesten derselben: „M. M.“ (Muntere Musikanten) bezeichnet werden können. Durch vieljährige emsige Arbeit hat „M. M.“ in der Tat, nach dem einstimmigen Urteil der ausländischen und einheimischen Kritik, in bezug auf Wohllaut, Präzision und Nüancierung des Gesanges eine Meisterschaft erlangt, die kaum übertroffen werden kann.

Eine der erfreulichsten Erscheinungen, die das Kulturleben in Finnland aufzuweisen gehabt hat, ist das lebhafte Interesse, das die unteren Volksschichten für den Gesang an den Tag gelegt haben. Schon früher angeregt, ist dieses Interesse vor allem durch die „Finnische Volksaufklärungsgesellschaft“ und den Verein „Die Freunde der schwedischen Volksschule“ anerkennenswerter Weise aufrechterhalten worden und hat in der Bildung zahlreicher Gesangvereine auf dem Lande und in den Städten einen Ausdruck gefunden; in den Städten sind es vor allem die aus der Arbeiterklasse und unteren Bürgerschaft hervorgegangenen „Arbeitervereine“, „Freunde der Arbeit“ u. a. Während das Interesse für Gesang in den gebildeten Klassen vor allem im Männerquartett Ausdruck gefunden hat, wählte das Volk selbst mit ebenso gesundem wie praktischem Blick für seine Bedürfnisse den gemischten Chor. Natürlich ist es meist das vierstimmige Lied, das von diesen Chören gepflegt wird; doch kommen auch schon Kantaten und Chöre aus Opern und Oratorien in ihren Programmen vor. Den besten Beweis dafür, was diese Chöre zu leisten vermögen, liefern die großen, bald finnisch-, bald schwedisch-, bald zweisprachigen Musikfeste, die auf Anregung der beiden oben genannten Gesellschaften hin in verschiedenen Teilen des Landes veranstaltet werden, und bei denen gemischte Chöre von 1000 bis 1100 Personen, meist in Bauerntrachten, Sätze von Gluck, Weber, Mendelssohn, Schumann u. a. in vortrefflicher Weise zu Gehör bringen.

Vollständige künstlerische Ausbildung steht der finnischen musikstudierenden Jugend an dem 1882 gegründeten „Musikinstitut in Helsingfors" zu Gebote, an welchem unter anderen hervorragenden Lehrern auch Ferruccio B. Busoni unterrichtet hat.

Die Bühnenkunst. Nicht anders als in den großen Kulturländern sind in Finnland die ersten Schicksale der dramatischen Kunst. Aus dem Schoße der Kirche und der Geistlichkeit fand die dramatische Kunst ihren gewöhnlichen Weg zur Schule und zu ihren Zöglingen. Das rein moralisierende Lustspiel fand seinen eigentlichen Herd an der Universität Åbo und blühte hier bis Ende des 17. Jahrhunderts, indem es sogar den bescheidenen Anfang einer einheimischen Dramatik ins Leben rief. Krieg und schwere Zeiten erstickten dann fast während eines ganzen Jahrhunderts jeglichen Sinn für Bühnenspiele in Finnland. Erst zu Ende des 18. Jahrhunderts trat eine schwedische Wandertruppe in verschiedenen finnischen Städten auf, wo sie in Scheunen und ländlichen Gasthöfen ihr nichts weniger als klassisches Repertoire vorführte, und ihrem Beispiele folgten bald zahlreiche andere Truppen, auch eine deutsche.

Der erste eigene Bühnenraum wurde 1813 in Åbo, das erste eigentliche Theatergebäude 1827 in Helsingfors von Engel erbaut. Dieses letztere wurde von einer deutschen Truppe mit einem Stück von Kotzebue eingeweiht, und 10 Jahre lang wurde nun fast mehr deutsch als schwedisch auf den größeren Bühnen Finnlands gesprochen und gesungen.

Seit 1830 haben jedoch auch schwedische Truppen in Finnland gespielt. Nach vielfachen Schwierigkeiten gelang es endlich 1866 mit Unterstützung der Regierung in Helsingfors ein neues Theater zu gründen, das in den Besitz eines auf Aktien gegründeten Garantievereins überging, der noch heute Eigentümer des schwedischen Theaters in Helsingfors ist. Seit jener Zeit ist dieses „Neue Theater" stets in den Händen einer stehenden Truppe gewesen, deren Sprache schwedisch war und deren Künstler meistens aus Schweden stammten. Um die Jahrhundertwende wurde ein Verein gegründet, der sich die Heranbildung einheimischer schwedisch sprechender schauspielerischer Kräfte zum Ziel setzte, eine Aufgabe, die er während einer Reihe von Jahren nicht ohne Erfolg erfüllte. Doch traten diese einheimischen Kräfte bis vor kurzem nur ausnahmsweise im Verbande des „Schwedischen Theaters" auf, vorzugsweise wählten sie ihr Wirkungsfeld auf den anderen im Verlaufe der Zeit entstandenen schwedischen Bühnen des Landes.

Der Gedanke an eine zukünftige, ausschließlich finnische Bühne hatte wohl schon ziemlich früh Wurzel gefaßt, allein eine festere Gestalt gewann er erst im Jahre 1872, wo eine ständige finnische Bühne errichtet wurde. Im folgenden Jahre ward sogar eine finnische Oper begründet, die 6 Jahre lang ein glänzendes Dasein führte, bis pekuniäre Schwierigkeiten die Töne zum Schweigen brachten.

Das äußere Schicksal der finnischen dramatischen Bühne bietet keine besondere Abwechslung. Die innere Entwicklung zeigt ein um so reicheres Bild. Heute wo das „Finnische Nationaltheater" seine Bühne in einem der imposantesten Granitgebäude der Hauptstadt aufgeschlagen hat, können seine Mitarbeiter und Freunde tatsächlich voll Stolz auf die Arbeit der vergangenen Jahrzehnte zurückblicken. Man bedenke, was es heißt, eine Nationalbühne für ein Volk mit so junger Bildung wie das finnische zu schaffen, das nicht die geringsten Kunstüberlieferungeu besaß, dessen Sprache kaum begonnen hatte, sich für höhere Kulturzwecke zu gestalten und dessen Literatur fast kein Repertoire darbot. Trotz des wenig erziehenden Wanderlebens und trotz sonstiger schwerer, unberechenbarer Mißgeschicke — mehrere hervorragende Mitglieder wurden inmitten ihrer besten Tätigkeit vom Tode dahingerafft — kann man doch behaupten, daß der finnische Schauspielerstand in seiner Darstellungskunst eine Höhe erreicht hat, die auch vor einer anspruchsvollen Kritik bestehen kann. Er hat zum Teil eine Kunst ersten Ranges geboten, so namentlich eine Schauspielerin, Ida Aalberg (1858—1913), deren Talent sich in der Heimat entwickelt hat und die unbedingt zu den ersten Schauspielerinnen des Nordens gezählt werden muß.

Wie diese Bühne eine finnische Schauspielkunst schuf, so hat sie auch ein finnisches Repertoire ins Leben gerufen und dadurch der nationalen Kulturarbeit unschätzbare Dienste geleistet. Das Repertoire hat sich im übrigen nicht nach den Launen des flüchtigen Tages gerichtet, sondern eher danach gestrebt, vor allen Dingen den Geschmack des Publikums zu bilden: einheimische Dramatik von Wert in erster Linie und das Beste aus der ausländischen Literatur, der älteren, wie der neueren in zweiter Linie, ist ihr leitender Grundsatz gewesen. Shakespeare, Moliere, Schiller, Holberg, Ibsen, Björnson, Hauptmann sind auf der Bühne des finnischen Theaters ebenso zu hause, wie Runeberg, Topelius und Kivi.

Beide Bühnen, die schwedische, wie die finnische, hat der finnische Staat, wie auch die Stadtverwaltung von Helsingfors mit angemessenen Geldbeträgen unterstützt. Die Unterstützung durch private Garantievereine schwankte für jede der beiden Bühnen zwischen 20 und 30000 Mark.

Die bildende Kunst. Ein geschichtliches Dasein beginnt die finnische Kunst erst von dem Auftreten des Christentums an zu führen, das um die Mitte des 12. Jahrhunderts durch die Schweden eingeführt wurde und nur langsam und unter harten Kämpfen in dem finnischen Volk Verbreitung fand. An Burgen und Festen erinnern deshalb die massiven Gemäuer der mittelalterlichen Kirchen Finnlands, deren hohes und steiles Dach ohne Sims sich von der grauen Granitmauer erhebt und den ganzen Bau wie ein gewaltiger Mantel überdeckt. Dem Stil nach gehören diese ersten Kirchen der sogenannten Übergangszeit an, d. h. der Zeit, wo Rundbogen- und Spitzbogenstil sich miteinander mischen, aber der Mangel an einer durchgeführten Stilreinheit wird durch das sichere Gefühl für Proportionen und für das Wesen und die Forderungen des Materials, mit dem die unbekannten Schöpfer dieser Bauwerke arbeiten, aufgewogen. In ihrer schlichten Größe und stimmungsvollen Einfalt sind diese Kirchen von einer ernsten Monumentalität. Am bedeutendsten unter ihnen ist der um 1300 nach dem Vorbild der alten Marienkirche in Danzig erbaute Dom zu Åbo, der trotz vielfacher Verheerungen und Feuersbrünste im Verlauf der Jahrhunderte durch Um- und Zubauten an Größe und Höhe um das Doppelte gewachsen ist und heute zu den kostbarsten Baudenkmälern Finnlands gehört.

In den meisten alten Kirchen Finnlands barg sich, wie man nachträglich entdeckte, ein stellenweise schier unermeßlicher Reichtum an farbigen Zeichnungen unter der weißen Tünche. Diese al secco gemalten Bilder haben nicht bloß ein kunst- und kulturhistorisches Interesse. Auch in ästhetischer Hinsicht sind sie teilweise nicht ohne Wert. In ihrer herben Ungelenkigkeit, wie in ihrer ornamentalen Üppigkeit sprechen sich nicht selten in gleicher Weise Ehrlichkeit, Frömmigkeit und künstlerischer Geschmack aus.

Auch an Denkmälern der Holzskulptur aus der katholischen Zeit hat sich eine große Anzahl bis auf unsere Tage erhalten. Besonders bemerkenswert unter ihnen sind ein Altarschrank in Urdiala und die Flügeltüren eines solchen in Kumlinge, die beide in ihren architektonischen und ornamentalen Einzelheiten auf die Zeit zwischen 1250 und 1275 hinweisen. Diese Flügelaltäre sind allem Anschein nach die ältesten Stücke dieser Gattung, die überhaupt bekannt sind.

Von den Erzeugnissen des mittelalterlichen Kunstgewerbes ist nur wenig erhalten. Für die Kunstgeschichte von Wert sind die Chorstühle, weil sie ohne Zweifel ausschließlich im Lande selbst und wahrscheinlich von einheimischen Holzschnitzern verfertigt worden sind. Auch das Schmiedehandwerk war seit uralten Zeiten den Einwohnern Finnlands vertraut, und die Riesengitter von einigen der Grabkapellen im Dom zu Åbo sind schöne Beispiele einheimischer mittelalterlicher Schmiedekunst.

Mit den Eroberern kam die Kunst nach Finnland als Kind einer fremden Kultur, die an geistiger Reife wie an technischer Fertigkeit derjenigen der Einwohner des Landes weit überlegen war. Sie kam nicht, um ästhetische Bedürfnisse zu befriedigen, sondern als Dienerin einer anderen geistigen Macht, deren Herrschaft sie verbreiten und befestigen helfen sollte. Ihre eigene Verbreitung beschränkt sich deshalb auf die Landesteile, welche die katholische Kirche sich unterwarf. Je östlicher, je tiefer ins Innere wir dringen, desto ärmer ist das Land an mittelalterlichen Denkmälern der Kunst. Die eigenen Söhne des Landes stehen diesen Gebilden der religiösen Phantasie als staunende Laien gegenüber. Es bedarf einer langen Zeit, ehe sie sich über den Standpunkt des blos Empfangenden erheben und ihr erwachender künstlerischer Trieb sich in eigenen Werken schaffend zu regen beginnt. Und auch dann ist die formende Hand noch zu ungelenk und schwach, um mit den in jahrhundertelanger Übung geschulten Künstlern und Kunsthandwerkern des Auslandes zu wetteifern. Aber der Boden, auf dem die künstlerische Saat gefallen, ist nicht unfruchtbar. Besonders auf dem Gebiet des Kunsthandwerkes, wo altererbter Kunstsinn und Geschicklichkeit sich leichter geltend machen können, zeitigt der einheimische Boden manche Blüte, die einen bescheidenen Vergleich mit dem Auslande nicht immer zu scheuen braucht. Und selbst in einer so hohen Kunstübung wie der Holzskulptur, zeigen einzelne Werke einheimischen Ursprungs, daß der Sprung vom Dilletantismus zur reifen Kunst vielleicht nicht mehr lange auf sich hätte warten lassen.

Es ward für die Entwicklung der einheimischen Kunst zum Verhängnis, daß ihr erstes Erwachen mit dem Absterben des Katholizismus zusammenfiel. Mit dem Fall der katholischen Kirche verlor nämlich die Kunst ihren mächtigsten Beschützer. Sie stand nun ohne Auftraggeber da. Man brauchte jetzt mehr Burgen und Festungen als Kirchen. So ist dieses erste Jahrhundert der Reformation eine Blütezeit des Schloßbaus, dessen Anfänge ja allerdings tief in die Urzeit reichen. Vor allem ist es das bereits 1299 erbaute Schloß von Åbo, das um diese Zeit seine größte Macht entfaltet.

Allmählich fängt aber auch das Bedürfnis nach neuen Kirchen sich geltend zu machen. Die Zeit der steinernen Kirchen ist nun zu Ende, und die Holzkirchen, die während des 16.—18. Jahrhunderts entstehen, tragen ein wesentlich anderes Gepräge als die des Mittelalters. Am meisten nähert sich dem Typus der letzteren die hölzerne Langkirche des 17. Jahrhunderts; charakteristisch für diese Kirchen sind hölzerne Contreforts in der Gestalt viereckiger Trommeln, die gleich den Strebepfeilern bei den gotischen Kirchen die Langwand verstärken und stützen. Die zweite Hauptgruppe der Kirchen dieses Zeitraumes, die der Kreuzkirchen, hatte ihren Ursprung in der mit dem lutherischen Gottesdienst verbundenen Notwendigkeit, die Predigt allen in der Kirche Anwesenden zu Gehör zu bringen, und tritt in sehr verschiedenen Formen auf. Unter den auch in diesem Zeitraum nur selten dem Namen nach bekannten Kirchenbauern finden wir doch verhältnismäßig zahlreiche Baumeister einheimischen Ursprungs. Von den Profanbauten dieser Zeit zeigen einige der manchmal burgartig massiv errichteten Herrenschlösser, die von reichen und mächtigen Adelsgeschlechtern auf ihren Gütern erbaut wurden (Willnäs, Kvidja, Kankas) interessante architektonische Einzelheiten im Renaissance- und Barockstil.

Naturgemäß kann auch die Malerei des 16. Jahrhunderts in künstlerischer Hinsicht sich mit der des Mittelalters nicht messen. Wenn neue Malereien im Innern der Kirche entstehen, so geschieht dies weniger aus religiösem Trieb, als vielmehr kraft der Überlieferung als konventionelle äußere Dekoration. Einen Lichtpunkt in der Öde dieses Jahrhunderts bildet der Probst Jacobus Geet in Storkyro, der 1560 die Wände seiner Kirche von einem unbekannten Maler mit etwa 150 in drei Reihen übereinander laufenden biblischen Darstellungen schmücken ließ, die, nachdem sie über 300 Jahre übertüncht gewesen, im Jahre 1885 aufgedeckt wurden. Diese Wandmalereien von Storkyro bilden gleichsam die Brücke, auf welcher sich die alte Kunstübung, die im Süden Finnlands allmählich dahinstirbt, nach dem Norden rettet. Hier oben findet die Kirchenmalerei einen Beschützer im Volke selbst, das in der Person einzelner Gemeindemitglieder, reicher Stadtleute, oft aber auch einfacher Bauern, die Kunstliebe älterer Zeiten bewahrt und weiterpflegt. Es ersteht eine an Charakter und Auffassung vorwiegend demokratische Malerei, die, formell an mittelalterliche Überlieferungen anknüpfend, wenn auch im Geist vollkommen evangelisch, die Wände und Decken der Kirchen mit enzyklopädisch geordneten Illustrationen des Erlösungswerkes schmückt. Abgesehen von wenigen, sporadisch auftretenden und schwachen Anklängen der Renaissance, steht diese, zunächst die zweite Hälfte des 17. Jahrhunderts umfassende österbottnische „Bauernkunst" im Zeichen des Barocks.

Die Tafelmalerei hatte zu Ende des Mittelalters auf den Flügeltüren der Altarschränke ihre Farbenpracht entfaltet. Nun sind die Altarschränke mit dem Katholizismus verschwunden, und es treten an ihre Stelle die Altargemälde, Votivtafeln und das Porträt. Um diese Zeit tauchen die „Kunstnomaden" auf, die, besonders als „Konterfeier" (Porträtmaler) von Ort zu Ort ziehend, ihre anspruchslose Kunst ausüben. Erst von 1632 an sind uns berufsmäßige Maler dem Namen nach bekannt.

Vor allem sind es zwei Künstler, deren Werk einen überraschenden Glanz über diese kunstarmen Jahrhunderte wirft. Der eine, Elias Brenner (1647—1717), war Miniaturmaler und erreichte in dieser Kunst eine Meisterschaft, die ihn in die Reihe der größten Künstler auf diesem Gebiete erhebt. Sein Ruhm verbreitete sich, dank der damals herrschenden höfischen Sitte der Porträtsgeschenke, sehr rasch, so daß Ludwig XIV. ihm das verlockende Angebot einer Anstellung am französischen Hofe machen ließ, das der an seinem

Vaterlande hängende Künstler jedoch ausschlug. Brenner war zugleich ein hervorragender Kupferstecher und erwarb sich durch die Herausgabe seines großen Werkes „Thesaurus Nummorum Sveo-Gothicorum" den Ehrennamen eines Begründers der schwedischen Numismatik.

Der zweite, Mikael Toppelius (1734—1821), ist fast ausschließlich Kirchenmaler und als solcher von einer erstaunlichen Fruchtbarkeit. In kunsthistorischer Beziehung erscheint er als der einzige ausgeprägte Vertreter des Rokoko in Finnland. Das heilige Feuer, das nach Befreiung und Gestaltung innerer Erlebnisse und Offenbarungen drängt, ist ihm fremd, er malt schlechthin aus Lust am Schildern und Schmücken. Doch ist es ihm nicht bloß um den süßen Klang der Farben zu tun, er hat auch etwas zu sagen, er sucht Ausdruck und Charakter in Geberde und Antlitz; er tut dies bald mit grausigem Ernst, bald mit schalkhaftem Humor. Er besaß eine Phantasie, die bis ins hohe Alter frisch und schöpferisch blieb, einen sicheren und liebevollen Blick für alles Menschliche und einen gesunden Sinn für die Wirklichkeit. Er hätte für die Kunst Finnlands von bahnbrechender Bedeutung werden können, wenn nicht mangelhafte Vorbildung und die Ungunst der Verhältnisse ihm die erste Bedingung wahren Künstlertums, die sichere Beherrschung der technischen Mittel, vorenthalten hätten.

Als Finnland 1809 von Schweden getrennt wurde, war es mehr als auf irgend einem anderen Gebiet auf dem der Kunst von Schweden abhängig. Hier hatte das Land selbst nichts zu bieten, weder ein Publikum, noch die Möglichkeit einer Ausbildung. So verließ denn der hervorragendste Künstler jener Zeit, Alexander Laureus (1783—1823), das Heimatland, um im Auslande als tüchtiger Genremaler in der Art Pieter van Laers, besonders mit seinen Schilderungen aus dem Volks- und Brigantenleben, Erfolg und Ruhm zu ernten.

Eine glänzende Blüte erlebte dafür die finnische Baukunst. Als Helsingfors im Jahre 1812 zur Hauptstadt des Landes erklärt worden war, galt es, für die neuen Regierungsbehörden und andere öffentliche Anstalten die nötigen Bauten zu schaffen. Ein glücklicher Zufall fügte es, daß diese Aufgabe dem genialen deutschen Architekten Carl Ludwig Engel (1778—1840) übertragen wurde, der im klassischen Empirestil eine Reihe monumentaler Gebäude aufführte (Senat, Universität, Bibliothek u. a.), die bis heute den zentralen Teilen der Stadt ihr großartiges Gepräge verleihen.

Schwer und düster waren die ersten Jahrzehnte nach der Vereinigung Finnlands mit Rußland. Aber unter dem Druck von Zensur und Bevormundung gären unsichtbare Kräfte eines kommenden Frühlings: mit dem jungen Nationalgefühl erwacht auch das Bewußtsein von der Bedeutung der Kunst als Bestandteil der Kultur und wird zur Mutter der neuen Kunst. Wenn keine Kunst und keine Künstler vorhanden — so heißt es nun — so müssen wir sie schaffen und wenn wir sie aus der Erde stampfen müssen. Dies Ziel macht sich der 1846 gegründete Finnische Kunstverein zur Aufgabe. Er erlebt damit zunächst bittere Erfahrungen. Aber die Begeisterung läßt nicht nach, und trotz schwerer Opfer und Enttäuschungen gelingt es ihm, nicht nur der erstrebte Schirm und Förderer aufstrebender Talente zu werden, sondern auch durch regelmäßige Ausstellungen und Verlosungen das Kunstinteresse im Lande mächtig zu heben und seit dem Jahre 1863 eine eigene Galerie dem Publikum zugänglich zu machen, die heute über tausend Nummern zählt.

Der eigentliche Bahnbrecher der neuen finnischen Kunst ist Robert Wilhelm Ekman (1808—1873). Seine malerischen Eigenschaften sind — im Vergleich mit den großen Meistern jener Zeit — gering. Sein Hauptverdienst lag jedoch darin, daß er mit richtigem Blick erkannte, was der einheimischen Malerei not tat: die systematische Schulung. Er errichtete Zeichenschulen in Åbo und Helsingfors, und seiner persönlichen Anleitung verdanken die besten finnischen Maler jener Zeit ihre erste Ausbildung.

In einen innigeren Zusammenhang mit der europäischen Kunst kam jedoch die finnische Malerei erst durch Werner Holmberg (1830—1860), der in Düsseldorf unter Gudes Leitung sich zum ersten großen Landschaftsmaler Finnlands entwickelte. Der Sprung, den die Kunstentwicklung in Holmberg plötzlich macht, ist gewaltig: er steht nicht mehr der Natur als Tourist oder sentimentaler Patriot gegenüber, wie das seine Vorgänger getan hatten, er ist ausschließlich Maler. Leider war seine Künstlerlaufbahn, die nur 5 Jahre umfaßt, zu kurz, als daß das heimatliche Kunstleben eine bedeutendere Wirkung von ihr hätte erfahren können. Von nun an erscheint das Studium an ausländischen Kunstschulen für die finnischen Künstler als die unumgängliche Voraussetzung für die künftige Meisterschaft. Zunächst wird nach Holmbergs Vorbild Düsseldorf das Ziel der Maler. Dann aber — Anfang der siebziger Jahre — finden die finnischen Künstler den Weg nach Paris.

In Paris erreicht der erste finnische große Maler von europäischem Ruf seine künstlerische Reife und Meisterschaft. Seine Name ist Albert Edelfelt (1854—1905). Als er im Jahre 1873 die Philologie an den Nagel hing und nach Antwerpen ging, um sich ganz der Kunst zu widmen, war die Historienmalerei großen Stils das Ziel seiner Künstlerträume. Als er ein Jahr später nach Paris kam, erfaßte ihn jedoch, vor allem unter dem Einfluß Bastien Lepages, das Problem der Luft, das ihn nun nicht mehr los lassen sollte. In der „hellen, blonden, frischen Farbe", die er so sehr bei Gervex bewundert, malt er nun seine ersten großen Freilichtbilder. Dann beginnt das grausam grelle Licht in diesen Bildern sich allmählich zu mildern und in weichere Töne überzugehen. In dem letzten großen Freilichtbilde von 1898, „In den äußersten Schären", hat sich das Licht ganz in Farbe verwandelt und zittert in tausend Tönen in der Luft und umspielt wie ein zauberischer Schleier Felsen, Gesichter und Gewänder.

Der folgerichtige Realismus konnte eine nach der Gefühlsseite so stark betonte Natur wie Edelfelt nicht auf die Dauer befriedigen. Er schwenkte allmählich zu einer gefühlsmäßigeren Malerei über (Madonna im Rosengarten). Zu dem allgemeinen Drang nach Verinnerlichung gesellten sich noch andere Beweggründe, die ihn zu einer subjektiveren Stellungnahme in seiner Kunst trieben: die Heimat ließ ihn nicht los. Seine Wurzeln hingen tief in ihrem Boden. Nun begann die heimatliche Erde stärker als je an diesen Wurzeln zu saugen. Am politischen Horizont des Vaterlandes zogen sich finstere Wolken zusammen. Es ist, als würde Edelfelt jetzt mit einer ganz neuen und leidenschaftlichen Gewalt seiner Bodenständigkeit und Zugehörigkeit zu dem entlegenen nordischen Vaterlande bewußt. Den ersten wundervollen Ausdruck findet diese von politischem Schwung getragene Heimatsliebe 1892 im „Björneborger Marsch". Von nun an ist er bis zu seinem Tode wiederum wesentlich Erzähler und Poet der heimatlichen Geschichte.

Als Edelfelt starb, war er erst 51 Jahre alt; eine reiche Ernte hätte ihm noch beschert sein können, und seine künstlerische Entwicklung hatte sich vielleicht noch nicht endgültig erschöpft. Im großen ganzen steht aber sein Bild abgeschlossen, geklärt und fest im historischen Zusammenhang da. Edelfelt ist einer der glänzendsten Vertreter des einen der beiden so verschiedenartigen Volksstämme des Landes. Seine Muttersprache ist schwedisch, sein Geist von schwedischen Traditionen befruchtet, seine Bildung europäisch. Sein Herz gehört trotzdem dem Lande selbst und nicht nur dem Lande, sondern auch dem eigentlichen Bewohner desselben, dem finnischen Bauer. Und dieser nationalkulturelle Einschlag verleiht seiner Kunst das Gepräge der Selbständigkeit und besonderen Eigenart. Aber in dem großen Konzert der europäischen Kunst ist er kein neuer Ton. Seine jugendliche Schwungkraft gibt ihm den sicheren Schritt des Siegers. Aber die brutale Kraft des Bahnbrechers ist ihm versagt. Er geht am liebsten auf gebahnten Wegen. Er ist kein Sucher und Finder im eigentlichen Sinne. Er ist allerdings zu reich an Bildung, Geist und Idealität, als daß nicht auch er sich in inneren Kämpfen gewunden hätte, die keinem echten Künstler erspart bleiben, als daß nicht auch er an jene Pforte geklopft hätte, hinter welcher die ewigen Rätsel ruhen. Aber die Pforte stürmen und mit Gewalt aufreißen wollen, das liegt ihm fern.

Edelfelts Bedeutung für die finnische Kunst kann nicht hoch genug geschätzt werden. In ihm erklimmt die finnische Kunst plötzlich einen Gipfel, der, einem Riesen gleich, alles Vorhergehende überragt. Er baut die Brücke von der finnischen Kunst zur allgemein europäischen. Finnland lernt erst durch ihn die große internationale Kunst kennen. Und Europa erfährt erst durch Edelfelt, daß auch in der Nähe des Polarkreises der Baum der Kunst Blüten trägt und Früchte voll reiffster Süße zeitigt.

Neben diesem vornehmen und hervorragenden Führer und geschickten Vermittler zwischen entgegengesetzten Kunstrichtungen nimmt sein Genosse Akseli Gallén-Kallela (1865 geboren) eine ganz andere Stellung im finnischen Kunstleben ein. Er ermangelt der sozialen Instinkte und ist von einer Ursprünglichkeit, die ihn isoliert. Die verschiedenen Richtungen, die die westeuropäische Malerei, vor allem die französische, während seiner Entwicklungsjahre durchlief, spiegeln sich allerdings in seiner Kunst wieder, aber sie finden hier einen ebenso eigenartigen wie heftigen und manchmal auf die Spitze getriebenen Ausdruck. Er beginnt als Naturalist, geht dann über die Brücke des Realismus für eine Zeit lang zum Symbolismus über und mündet schließlich in der großen dekorativ-monumentalen Kunst. Diese Wandlungen berühren indessen nur die äußere technische Seite seiner Kunst, in seinem Innersten, in seiner Auffassung, ist er von Anfang an Vollblutromantiker und ist es heute noch. Gallén ist Maler mit jeder Faser seiner Nerven: die sinnlich wahrnehmbare Welt ist ihm eine Lust und Wonne, und er tastet sie mit den Fühlhörnern seines Malergenies ab mit der Wollust eines Epikuräers. Aber das genügt ihm nicht. Er ist ein Sucher und Frager, der über die Grenzen des Sichtbaren hinaus tastet. Jenseits der Dinge lockt ihn das Rätselhafte des Lebens. Farben und Linien, Licht und Schatten, das sind für ihn nicht bloß Wirklichkeiten für die Netzhaut des Auges, sie sind ihm zugleich Boten einer unsichtbaren Welt, Dolmetscher und Herolde dessen, was hinter den sichtbaren Dingen webt und was sichtbar zu machen, heilige Aufgabe und Geheimnis der großen Kunst ist.

In Paris, wohin er 1884 kam, hatte er in schneller Entwicklung die ganze Stufenleiter malerischer Handfertigkeit durchlaufen und den Höhepunkt technischer Meisterschaft erreicht. Aber er fühlte, daß er Auge in Auge vor der Gefahr des blendenden Virtuosentums stand, und strebte nach neuen Ausdrucksmitteln. Im Symbolismus glaubte er sie zu finden, doch vermochte dieser ihn nur kurze Zeit zu fesseln. Er sehnte sich nach Schlichtheit und Innigkeit; nicht Reichtum der Töne, sondern Tiefe des Tones. Seine Virtuosität ward ihm zur „verruchten Geschicklichkeit", die er als eine Last von sich streifen will. Da bringt ihm eine italienische Reise im Jahre 1898 eine neue Offenbarung für seine Kunst. Die tausendfältige und verwirrende Mannigfaltigkeit der Farben und Linien will er auf ihre ursprünglichen Elemente reduzieren, auf die Linie und die Farbe, die den Inbegriff des Charakteristischen gibt und so in ihrer Einfalt am eindringlichsten das sichtbar macht,

> was von Menschen nicht gewußt,
> oder nicht bedacht,
> durch das Labyrinth der Brust
> wandelt in der Nacht.

In der ursprünglichen, feinen und starken Kunst der Frührenaissance und ihrer Vorgänger vernimmt er inbrünstig vertraute Töne: eine Kunst, die gleichsam nur mit der Seele malt und in naiver

Andacht das erreicht, was der bloß geschickten Hand ewig verschlossen bleibt. Seine Kunst wird nun so schlicht und streng im Ausdruck, daß sie gleichsam nur das letzte Ergebnis einer ungeheuren Kette von künlerischen Erschütterungen gibt. In diesem dekorativ stilisierenden Geist schafft er eine Reihe von Werken in Öl, Tempera, Holzschnitt, Zeichnung und Ätzung, zu denen er zu großem Teil die Motive dem finnischen Volksepos „Kalevala" entnimmt und die unbestreitbar zu den tiefsten und stärksten Offenbarungen der Weltkunst überhaupt gehören.

Es ist etwas mit Strindberg Verwandtes in der Erscheinung Gallén: eine Mystik und ein Aberglaube nicht aus Unwissen, sondern aus Überwissen, aus Instinkt und visionärer Kraft. Ein solcher Geist muß sich in der sozialen Welt des modernen Getriebes als Fremdling fühlen. Seine Heimat ist draußen in den Tiefen des finnischen Urwaldes, wo der einsame Bewohner des primitiven Katens alles aus sich selber schöpft, was er zur Notdurft des Lebens bedarf, wo der scheu verehrte Zauberer mit selbstgebrauten Salben Krankheiten heilt und Feinde verdirbt, wo der eisbärtige Stammhalter, der nie eine Lokomotive pfeifen gehört, über Fragen des Menschenlebens vielleicht mit tieferer Einsicht urteilt, als es auf den Kanzeln und Kathedern diesseits der Waldgrenze geschieht.

Hier findet Gallén, was ihm sein Eigengepräge verleiht: Stil. In den Bauten, Gewändern, Stickereien und Schnitzereien seiner Vorfahren sucht er seine dekorativen Motive; er spürt der Verwandtschaft dieser Motive mit Erscheinungen der heimatlichen Natur nach und fängt in lebendiger Stilisierung ihr augenfälliges Wesen. Alles was aus seinen Händen kommt, trägt das Sondergepräge der Kraft und des Kampfes.

Es gibt kaum ein Gebiet in den bildenden Künsten, auf dem er sich nicht versucht hätte. Er baut selber sein Haus, er ist ein Meister in allen graphischen Künsten, er entwirft Möbel und Innenschmuck, ornamentale Gewebe und Stickereien, er modelliert in Ton, er treibt in Metall und brennt in selbsterdachtem Schmelzofen seine Entwürfe zu Glasgemälden. Er ist noch heute Gegenwart und Zukunft der finnischen Malerei.

Neben Edelfelt und Gallén wurde Eero Järnefelt (1863 geb.) in Finnland einer der Hauptträger jenes französischen Realismus, der in den achtziger Jahren des verflossenen Jahrhunderts die Malerei mit neuem Leben durchflutete. In ihm hat er sich zu einer Naturanbetung verinnerlicht, die ihm überall das Seelische, das unter der Oberfläche der Dinge geheimnisvoll Ruhende suchen läßt. Und der Ausdruck, den Järnefelt hierfür findet, ist ebenso schlicht, wie von echter Poesie durchtränkt. Er ist ein zarter, aber zugleich gesunder, nicht empfindsamer Lyriker, der im kleinsten Winkel der Natur feinste Farbengebilde entdeckt und alles mit innerem Leben beseelt. Eine durchdringende Beobachtungsgabe macht ihn zu einem der schärfsten und vielseitigsten Porträtmaler Finnlands. Er ist neben Edelfelt und Gallén der dritte große Maler aus jener fruchtbaren Epoche, welche die finnische Kunst hinauf auf den Wogenkamm trägt, allerdings weder Edelfelt an Glanz vergleichbar, noch Gallén an Kraft und Ursprünglichkeit, aber beiden ebenbürtig durch die Echtheit und Ehrlichkeit seines Wollens und die künstlerische Gediegenheit seines Könnens und jedem von ihnen überlegen an Klarheit und elegischer Innigkeit des Gefühls.

Um diese drei Großmeister der finnischen Kunst schart sich eine Reihe gleichaltriger und jüngerer Maler, die fast ausschließlich bei der französischen Kunst in die Schule gegangen und in Technik wie in Auffassung Schritt für Schritt all den Richtungen und Launen nachgefolgt sind, die jene Kunst während der letzten Jahrzehnte durchgemacht hat. Auf zwei dieser Altersgenossen trifft dies allerdings nicht zu: abseits von Realismus und Freilichtmalerei schuf Gunnar Berndtson (1845—1895) seine bis ins Feinste mit spitzem Pinsel miniaturartig ausgeführten Genrebilder, die ihm den Ruf eines finnischen Meissonier hätten eintragen können, wenn nicht eine tückische Krankheit frühzeitig seine Laufbahn abgebrochen hätte. Der andere, Viktor Westerholm (1860 geb.), begann in Düsseldorf und entwickelte sich dann in Paris zu einem der tüchtigsten Landschafter, ohne jedoch den herrschenden Moderichtungen zu verfallen. Die übrigen jüngeren Maler wandern aber vollständig in den Spuren der Pariser Kunst. Die rückhaltlose Hingabe an fremde Strömungen ist ohne Zweifel technisch nicht ohne Nutzen für sie gewesen; aber ebenso unzweifelhaft dürfte es sein, daß selbst die stärksten und ursprünglichsten unter ihnen: Pekka Halonen (1865 geb.), Juho Rissanen (1873 geb.) und Magnus Enckell (1870 geb.) dadurch ein gut Teil ihrer persönlichen Eigenart und Schlichtheit einbüßten. Halonen, ein Bauernsohn, hat sich von einem naturalistischen Ausgangspunkt allmählich zu einer kühlen, stilisierenden Malweise entwickelt, die an die feierlich getragenen Gesichte eines Puvis de Chavannes erinnert. Der bedeutend jüngere Rissanen ist ebenfalls ein Kind des Volkes. Durch seine anfängliche Unberührtheit von fremden Einflüssen ist er, wenigstens in seiner ersten Periode, einer der eigenartigsten Künstler unter den Finnen. Seine Phantasie ist durch die ihm vertraute Welt des Arbeiters und Bauern begrenzt, in der er aber Stoffe von allgemein menschlicher Gültigkeit und Bedeutsamkeit entdeckt, die er oft in kräftig derber Weise schildert. Er hat sich eine stilisierend vereinfachende Malweise angeeignet, die seinen manchmal rohen Erfindungen einen Zug von Größe und Adel verleiht, der das Krasse über der vornehmen Schönheit der Farbe und der charaktervollen Feinheit der Linie vergessen läßt. Das unzweifelhaft stärkste und selbständigste Talent unter den drei genannten ist Enckell. Er ist der erste und auch der einzige unter seinen Genossen, der von Anfang an in bestimmter und bewußter Weise gegen den Naturalismus sich auflehnte. Von einem anfangs dürftigen Kolorit entwickelte er sich rasch zu einem der farbenfreudigsten Maler Finnlands und ist heute der extremste Vertreter der „reinen Palette". Er bevorzugt die klassischen und strengen Linien einer kühl beherrschten und maßvollen Bewegung. Das Höchste leistete er in einem großen al fresco gemalten Altarbilde in der Johanneskirche zu Tammerfors, das ebenso eigenartig in der Auffassung, wie erhaben in seiner monumentalen Größe wirkt.

Viel später als der Malerei gelang es der Bildhauerkunst in Finnland Fuß zu fassen. Auch ermangelt sie wie jene eines alle anderen überragenden Führers. Zu den ältesten unter den modernen Bildhauern gehören Walter Runeberg (1838 geb.), ein Sohn des Dichters, der in seiner idealisierenden Auffassung als ein Nachfolger von Thorwaldsen erscheint, und der aus dem Volke hervorgegangene Johannes Takanen (1849—1885), der mit seiner weiblich anmutigen Linienführung und reichen Formenschönheit einen Übergang vom antikisierenden Runeberg zum Realismus bildet. Ganz im französischen Geist schafft Ville Wallgren (1855 geb.), der vor allem in dem kleinen Format der Statuetten und im Kunstgewerbe eine Meisterschaft von persönlichem Reize entfaltet. Im Gegensatz zu Wallgren ist sein älterer Genosse Robert Stigell (1852—1907) ein handfester und kraftstrotzender Künstler, dessen Begabung durchaus nach dem dramatisch Rauhen liegt. Vielseitiger und bedeutender als die beiden eben genannten Bildhauer ist der ebenfalls aus dem Arbeiterstande hervorgegangene Emil Wikström (1864 geb.), dem ein gut Teil von der Kraft Stigells, noch mehr aber von den Grazien Wallgrens zugefallen ist. Seit der Jahrhundertwende ist noch eine Reihe jüngerer begabter Bildhauer hervorgetreten, unter denen zum Teil sich das Bestreben geltend macht, sich aus den Formen des überlieferten Realismus frei zu machen und in großen, vereinfachten Linien das Geistige und Wesentliche aufzufangen und damit das Werk der Kunst nicht mehr als eine bloße Nachahmung der Natur in Marmor oder Bronce erscheinen zu lassen, sondern als eine selbständige, ihren eigenen Gesetzen gehorchende Sprache innerlich erschauten Lebens.

Die Baukunst kam nach der kurzen Glanzzeit Engels über einen die Antike und Renaissance nachahmenden Eklektizismus nicht hinaus. Um so überraschender wirkte um die Jahrhundertwende das Auftreten einiger junger Baukünstler, in deren originellem finnischem Ausstellungsgebäude auf der Pariser Weltausstellung sich ein neues Stilgefühl ankündigte. Dieses kleine, entzückende Bauwerk wurde, trotz des vergänglichen Zwecks, den es verfolgte, von großer Bedeutung für die finnische Architektur. Galléns Urwaldmystik, der feierliche Ernst der mittelalterlichen Kirchen und die Natursymbolik der „Kalevala" schienen sich in ihm verkörpert zu haben. Es bricht nun für die finnische Baukunst eine kurze Periode ausschweifender Romantik an, deren Hauptdenkmäler das Nationalmuseum in Helsingfors und die Johanneskirche in Tammerfors sind. Nach wenigen Jahren schon macht sich aber eine Reaktion gegen die allzu launische Erker-, Loggien- und Turmarchitektur geltend. Die Baukünstler beginnen nach größerer Ruhe und Schlichtheit, nach klarem Ebenmaß und Gleichheit und nach einer verstandesmäßigeren Ausschmückung zu streben. Unter der großen Reihe begabter Architekten, denen die jüngste Baukunst in Finnland ihre hohe Blüte verdankt, ist Eliel Saarinen (geb. 1873) unzweifelhaft der Führende. Eine auch nur annähernde Aufzählung seiner in Wettbewerben oft mit dem ersten Preise gekrönten Bauwerke ist hier nicht möglich. Seine Phantasie ist ebenso unerschöpflich, wie durch ein untrüglich sicheres Gefühl für Verhältnisse, Zweckmäßigkeit und maßvoll beherrschte Schönheit gezügelt.

Auch die Stadtplantechnik hat neben anderen hervorragenden Fachleuten auf diesem Gebiet in Saarinen ihren modernsten und weit-

8*

sichtigsten Vertreter gefunden, der auch in dieser Kunst einen europäischen Ruf erlangt hat.

Das Aufblühen der freien Künste ist auch dem Kunstgewerbe zugute kommen. Schon im Jahre 1864 hatte die damals begründete Finnische Künstlergenossenschaft begonnen, für die Förderung des Kunstgewerbes zu arbeiten. 1870 wurde auf ihre Anregung eine Schule für kunstgewerbliche Holzarbeiten eröffnet und vier Jahre später übernahm der neugegründete Kunstgewerbeverein die Sorge um diesen Kunstzweig.

So ist es ein, wenn auch nicht langer, aber umso mühseligerer Weg voll Kampf um Sonne und Anregungen, voll Entbehrungen und Enttäuschungen, den die finnische Kunst hat zurücklegen müssen. Zuerst nur ein von zufälliger Gunst abhängiger Gast an fremden Tischen, hat sie mit zäher Ausdauer, unbeirrt durch Niederlagen und Mißerfolge, sich allmählich einen eigenen Platz in der idealen Gemeinschaft der Kulturvölker errungen. In einer Zeit politischer Demütigung und Knechtschaft ward sie durch vaterländische Begeisterung und Idealität aus jahrhundertelangem Schlaf erweckt und mit aufopferungsvoller Liebe groß gezogen. Von den Strömungen und Ideen in der großen Kunst Europas ward sie befruchtet, bis sie im eigenen Boden der Heimat Wurzeln faßte und aus ihm als kräftiger Baum in die Höhe schoß, der nun in reicher Blüte steht.

Wichtigste Literatur.

Finnland im 19. Jahrhundert. In Wort und Bild dargestellt von finnländischen Schriftstellern und Künstlern. 2., verbesserte Auflage. 412 S. 4° mit 36 Vollbildern und 290 Illustrationen im Text sowie 3 Karten. Helsingfors 1899, G. W. Edlunds Verlag.

Atlas öfver Finland 1910. 55 Kartenblätter in Groß-Folio mit finnischem, schwedischem und französischem Text und 2 Bände Text finnisch, schwedisch und französisch. Helsingfors 1911, Verlag der Gesellschaft für Finnlands Geographie.

Yrjö Koskinen, Finnische Geschichte von den frühesten Zeiten bis auf die Gegenwart. Autorisierte Übersetzung. 644 S. Leipzig 1874, Duncker & Humblot.

M. G. Schybergson, Geschichte Finnlands. Deutsche Bearbeitung von Fritz Arnheim. 687 S. Gotha 1896, F. A. Perthes.

Rafael Erich, Das Staatsrecht des Großfürstentums Finnland (Suomi). XI u. 243 S. Tübingen 1912, Verlag von J. C. B. Mohr (Paul Siebeck).

Statistisk Årsbok för Finland, Das vom Statistischen Zentralbüro in Helsingfors herausgegebene amtliche statistische Jahrbuch mit doppeltem Text: finnisch-französisch oder schwedisch-französisch. Der neueste Band behandelt das Jahr 1915. 379 Tabellen auf 669 S.

Werner Söderhjelm, Finlande et Finlandais. (Kulturhistorische Aufsätze von verschiedenen finnländischen Schriftstellern.) 330 S. Paris 1913, Armand Collin.

Johannes Öhquist, Das politische Leben Finnlands. 96 S. Leipzig 1916, S. Hirzel.

August Ramsay, Finnland, Handbuch für Reisende. 202 S. Helsingfors 1906, Verlag des Finnländischen Touristenvereins.

Ernst Brausewetter, Finnland im Bilde seiner Dichtung und seine Dichter. Novellen, Gedichte, Schilderungen, Charakteristiken und 14 Porträts. 450 S. Leipzig und Berlin 1899, Schuster & Löffler.

J. J. Meyer, Vom Land der tausend Seen. (Eine Übersicht der finnischsprachlichen Literatur und eine Auswahl Novellen und Literaturproben.) 650 S. Leipzig 1910, Georg Wigand.

Aus der Versdichtung Finnlands. Herausgegeben von Johannes Öhquist. Band I der II. Serie von: Ostsee und Ostland. Herausgegeben von Dr. Otto Grautoff. Berlin und Charlottenburg 1918, Felix Lehmann.

Finnländische Rundschau. Vierteljahrsschrift für das geistige, soziale und politische Leben Finnlands. Unter Mitwirkung in- und ausländischer Gelehrter und Schriftsteller herausgegeben von Ernst Brausewetter. Zwei Jahrgänge 1901 und 1902. 338 und 344 S. Leipzig, Duncker & Humblot.

Kalewala, das Nationalepos der Finnen. Nach der zweiten Ausgabe ins Deutsche übertragen von Anton Schiefner. 482 S. München 1914, Georg Müller.

Die von Hermann Paul herausgegebenen Übersetzungen der Kalewala und des Kanteletar sind leider längst vergriffen. Außerdem sei hier noch auf die Runebergübersetzungen von Wolrad Eigenbrodt hingewiesen.

Namen- und Sachregister.